W0059311

Mirko Krüger/Paul-Josef Raue (Hg.)
Die 100 schönsten Orte in Thüringen

KLARTEXT

Mirko Krüger/Paul-Josef Raue (Hg.)

Die *100* schönsten Orte in Thüringen

1. Auflage November 2012

Satz und Gestaltung:
Klartext Medienwerkstatt GmbH, Essen

Umschlagfoto:
Alexander Volkmann

Umschlaggestaltung:
Volker Pecher, Essen

Druck und Bindung:
Aalexx Buchproduktion GmbH, Großburgwedel

© Klartext Verlag, Essen 2012
ISBN 978-3-8375-0876-5
Alle Rechte vorbehalten

www.klartext-verlag.de

Inhalt

Alle Autoren und Fotografen sind oder waren Mitarbeiter der »Thüringer Allgemeine« oder der »Ostthüringer Zeitung«.

So wunderbar ist Thüringen

Wo ist es in Thüringen am schönsten? Die Frage klingt so einfach, so lebensnah. Und genau das macht sie zu einer ziemlich schwierig zu beantwortenden Frage.

Über zwei Millionen Menschen wohnen im grünen Herzen Deutschlands. Ein jeder nimmt seinen Platz im Leben ein, ein jeder fühlt sich irgendwo besonders wohl. Und sei es im Arm der Liebsten oder auf Vaters Schoß.

Wo also ist es in Thüringen am schönsten?

Dieses Buch gibt 100 Antworten darauf. Wir wandern mit unseren Lesern auf den Schneekopf. Wir erzählen ihnen, warum die Domstufen ein herrlicher Platz zum Innehalten bei einem Erfurt-Bummel sind. Wir paddeln gemeinsam auf der Saale und wir kehren auf der Ebertswiese ein.

Sie merken schon: Es sind nicht allein die großen Ziele, wie Wartburg und Kyffhäuser, die wir in den Fokus rücken. Auch manch' sogenannten Geheimtipp wollen wir geben.

Bei der Auswahl der 100 schönsten Orte haben wir uns maßgeblich von der teils jahrzehntelangen Ortskenntnis der Reporter der »Thüringer Allgemeine« und der »Ostthüringer Zeitung« leiten lassen.

Mirko Krüger
im Oktober 2012

Antike und Kaffeegenuss

Der vielleicht schönste Platz in Thüringen, um einen Kaffee zu trinken, ist das Lindenau-Museum. Man sitzt hier inmitten von klassischen Skulpturen. Die stattlichen Männer und schönen Frauen sind eine äußerst angenehme Gesellschaft, rund 70 an der Zahl. Manche sind nur halb bekleidet, andere in ihrer nackten Schönheit zu sehen. Die Abgüsse von Meisterwerken der Antike und der italienischen Renaissance entstanden in Originalgröße. Heldenhafte Posen, solche der Trauer und des Glücks, der Verehrung und der Liebe – alles ist zu entdecken.

Der Sammler und Museumsstifter Bernhard August von Lindenau hoffte schon vor 150 Jahren mit den meist schneeweißen Abgüssen auf eine vertraute Bekanntschaft mit den Vorbildern der beiden Epochen. Er wollte so eine höhere Kunstbildung erreichen. Und wie gelänge

Skulpturen finden sich nicht nur im, sondern auch vor dem Lindenau-Museum. Foto: Marco Kneise

Altenburg

Lindenau-Museum
Gabelentzstraße 5

123map/StepMap-Open Street Map Contributors Lizenz CC-BY-SA 2.0

Öffnungszeiten:
dienstags bis freitags von
12 bis 18 Uhr; samstags,
sonntags und feiertags von
10 bis 18 Uhr.

Für Kinder und Schüler ist
der Eintritt frei.

Was?
Wie viel?
Wo?

dies freudvoller als mit einem Verweilen im Café, dem
stressfreien Bestaunen der schönsten Beweise menschlicher Fertigkeit.

Der Kunstgenuss kann noch gesteigert werden, flaniert
der Gast weiter zum größten Schatz des Museums: der
Sammlung früher italienischer Tafelmalerei aus dem 13. bis
16. Jahrhundert. Die Tafel »Christus am Kreuz, von Heiligen angebetet« hat als Leihgabe jüngst in New York für
Aufsehen gesorgt. Die Reise durch das Museum führt aber
auch wieder zurück ins Heute.

Fürstliche Oase

Sieben Tage lang wurde die Prunkhochzeit von Günther dem Streitbaren mit Katharina von Nassau-Dillenburg gefeiert. Das war schon 1560, aber Arnstadt profitiert noch heute von dem Ereignis. Denn von den 10.000 Gulden, die Karl IV. dem Paar zur Hochzeit schenkte, ließ man auf den Grundmauern einer alten Burg das »Schloss Neideck« in der Stadt errichten.

Viel ist heute nicht mehr davon zu sehen, die Zeiten der gräflichen Feste in Arnstadt sind längst vorbei. Nur der stolze »Neideckturm« ist aus dieser Zeit erhalten. Doch dank eines rührigen Vereins wurden nach der Wende nicht nur die Grundmauern des alten Schlosses wieder freigelegt und der Turm auch für Besucher begehbar gemacht, auf dem Gelände sind nun auch originalgetreue Modelle zahlreicher Gebäude zu sehen, darunter natürlich auch vom Schloss Neideck.

Was?
Wie viel?
Wo?

Die Schlossruine befindet sich mitten im Arnstädter Zentrum. Der Neideckturm ist von allen Seiten gut zu sehen.

Das Gelände ist wochentags von 10 bis 15.30 Uhr und am Wochenende von 14 bis 16 Uhr geöffnet.

Der Eintritt ist frei, aber Spenden werden erbeten.

So kann der Arnstadt-Tourist mitten im Zentrum eine Zeitreise unternehmen. Da das Schlossmuseum mit der berühmten Puppensammlung »mon plaisir« gleich nebenan ist, lässt sich diese Reise fortsetzen. Denn auch die Puppen gehen auf eine Arnstädter Fürstin zurück.

Der Neideckturm ist noch im Original vorhanden, das Schloss nur als Modell. Foto: H.-P. Stadermann

Ein Weinberg ohne Reben

Egal aus welcher Richtung man sich Artern nähert – der Weinberg fällt sofort in den Blick. Die Stadt schmiegt sich bogenförmig an die prominente Landmarke, die mit dem Auto nur schwer zu erreichen ist. Im Mittelalter, als das Klima mild war, wurde hier tatsächlich Wein angebaut. Als allerdings nach 1580 die kleine Eiszeit die Region heimsuchte, war es damit vorbei.

Im Laufe der Zeit entstand hier ein kleiner Wald, gefolgt von einer Streuobstwiese. Im Zentrum des Weinberges, der von einem schönen Rundweg umgeben und am besten zu Fuß zu erreichen ist, findet sich – fast vollständig versteckt von den umstehenden Bäumen – Jüngkens Aussichtsturm. Er wurde von der gleichnamigen Stiftung 1863 erbaut und 1992 gründlich saniert.

Vom Aussichtsturm hat man einen wundervollen Blick auf die Stadt, die Goldene Aue, das Kyffhäuser-Gebirge und den Harz. In der Ferne grüßt der markante Bau des Panorama-Museums in Bad Frankenhausen.

Was? Wie viel? Wo?

Die Zufahrt zum Weinberg ist etwas kompliziert, am besten orientiert man sich an der Beschilderung, die den Weg zum »Hotel am Weinberg« weist.

Inmitten des kleinen Wäldchens befindet sich Jüngkens Aussichtsturm, der 12,5 Meter hoch ist.

Grafik: Stefanie Schneider

Jüngkens Aussichts-
turm liegt etwas ver-
steckt inmitten des
Weinbergs.
Foto: Peter Riecke

Europas größtes Gemälde

1.722 Quadratmeter. Das ist die Verkaufsfläche zweier durchschnittlicher Supermärkte. Und diese 1.722 Quadratmeter bedeckt ein einziges, riesiges, monumentales Gemälde. Ein Kunstwerk, ein Politikum.

1973 war es, Ulbricht war tot, als sich in der DDR die kulturpolitische Doktrin änderte. Historische Gestalten sollten als revolutionäre Vorgänger des ersten sozialistischen Staates auf deutschem Boden stilisiert werden. So wurde Thomas Müntzer, der Pfarrer, der den Bauernkrieg anführte, zum bedeutendsten Frührevolutionär Deutschlands. Ihm sollte ein riesiges Panoramabild gewidmet werden, für das auf dem Schlachtberg in Bad Frankenhausen – einem der Schauplätze des Bauernkriegs – extra ein Gebäude errichtet wurde.

Die DDR und ihre Kulturpolitik sind Geschichte, das »Elefantenklo«, wie die Einheimischen das Panoramamuseum ein wenig despektierlich nennen, ist immer

**Was?
Wie viel?
Wo?**

Geöffnet ist das Museum von April bis Oktober von 10 bis 18 Uhr, von November bis März von 10 bis 17 Uhr. Im Juli und August auch montags von 13 bis 18 Uhr.

Schon allein die regelmäßig wechselnden Sonderausstellungen – meist zur Moderne – rechtfertigen einen Besuch.

noch da. Und erfolgreicher denn je. Denn was der Leipziger Kunstprofessor Werner Tübke da bis 1989 auf die 123 Meter lange und 14 Meter hohe Leinwand brachte, ist weit mehr als die ursprüngliche Auftragsarbeit. Tübke schuf ein Abbild der Renaissance, ein vielschichtiges Werk voller Anspielungen, Zitate und Hinweise, die den Betrachter förmlich überwältigen.

Man steht oder sitzt in diesem riesigen, abgedunkelten Raum und versucht mitunter vergeblich, den überwältigenden Detailreichtum des Bildes zu erfassen. Das Auge irrt ziellos von Motiv zu Motiv. Doch zum Glück werden regelmäßig Führungen veranstaltet.

Der erste Eindruck von Tübkes Meisterwerk ist immer derselbe: schiere Überwältigung.
Foto: Marco Schmidt

Eine Erlebniswelt für Kinder

Im Jahr 2011 wurde in Bad Langensalza ein in Thüringen bisher einzigartiges Spielparadies namens »Rumpelburg« eröffnet. Auf mehreren Ebenen, die mit Tunneln, Rutschen und Brücken verbunden sind, können Kinder ausgiebig spielen und klettern. Dazu kommt manche Nische und Geheimtür, die entdeckt werden will.

An die einstige Scheune schließt sich eine Freifläche an, auf der neben einem Baumhaus mit Hexenküche und Kletterelementen vor allem eine kleine Stadt aus Holz zum fantasievollen Spielen einlädt. All das ist mit märchenhaftverrückten Malereien verziert. Zum Konzept der Einrichtung gehört, die kindliche Kreativität jenseits von Computern mit allen Sinnen anzuregen.

**Was?
Wie viel?
Wo?**

Geöffnet ist dienstags bis freitags von 9 bis 12 Uhr für Gruppen nach Voranmeldung bei einem Eintritt von 1 Euro pro Kind.

Für die Allgemeinheit öffnet die Rumpelburg dienstags bis freitags von 14 bis 18 Uhr, samstags von 10 bis 18 Uhr und sonntags von 10 bis 17 Uhr.

Parken in unmittelbarer Nähe ist nicht möglich.

Kinder können sich in der Rumpelburg austoben.
Foto: Susann Fromm

Die Thüringer Toskana

Im wahrsten Sinne des Wortes einen Überblick über das Thüringer Weinbaugebiet erhält, wer von Bad Sulza kommend über den Weinwanderweg bergauf gen Sonnendorf läuft oder radelt. Kurz vorm Ort lädt ein Freisitz zur Rast ein – inmitten der Weinberge mit Müller-Thurgau, Weißburgunder und Traminer. Während der Ausflügler

Das Thüringer Weintor. Foto: Sascha Margon

den müden Beinen also eine Pause gönnt, lohnt ein Blick ins idyllische Ilmtal und hinüber zur Saale. Unweit der Stelle, an der die Ilm in die Saale mündet, sieht man weitere Weinhänge.

Es war 1994, als der damalige Ministerpräsident Bernhard Vogel das Thüringer Weintor in Bad Sulza feierlich einweihte. Wohl wissend, dass das Bauwerk das einzige seiner Art in den neuen Bundesländern ist. Den entlang von Saale und Ilm in die Hänge gebauten Weinberghäuschen nachempfunden, symbolisiert es den Thüringer Weinbau, seine Renaissance nach der Wende und die liebliche Region um Bad Sulza schlechthin.

Der das sagt, ist der langjährige Kurdirektor Jörg Hanf. Er gerät schier ins Schwärmen angesichts des nahe beieinander liegenden touristischen Trios, bestehend aus jenem Thüringer Weintor, der auf dem Berg thronenden Sonnenburg sowie dem Gradierwerk Louise. Letzteres blieb als einziges von einst drei Anlagen erhalten. Es lockt zahlreiche Kurgäste ins Städtchen.

Aber nicht nur kuren lässt es sich hier, sondern auch wandern. Zum Beispiel auf dem Weinwanderweg. Auch Pedalritter sind willkommen. Wer mag, kann durchs Weintor rollen, denn der Ilmtalradweg führt dort entlang. Am Weintor beginnt zudem die Saale-Unstrut-Weinstraße.

Zum Aussichtspunkt gelangt man idealerweise zu Fuß. Von Bad Sulza aus läuft man gen Sonnendorf. Es geht bergauf, man braucht Ausdauer.

Der Schwarzdorn im Gradierwerk – es ist 104 Meter lang – wird alle 15 bis 20 Jahre ausgetauscht.

Was?
Wie viel?
Wo?

Barocke Landlust

Seinen besonderen Reiz bezieht das über dem Dorf Bedheim gelegene Schloss nebst Kirche, Gärten und Stallungen vor allem aus der Symbiose zwischen sichtbarem Verfall und gleichzeitigem mühevollen Wiederaufbau der in sich geschlossenen Anlage.

Ein Prinz von Sachsen-Hildburghausen ließ das Bedheimer Schloss in der zweiten Hälfte des 18. Jahrhunderts als Sommersitz herrichten. 1779 kaufte Familie Rühle von Lilienstern das Anwesen. Allerdings gab es bauliche Vorläufer an dem prägenden Ort, die bis ins Mittelalter reichen. Bis heute ist das Geschlecht der Liliensterns Besitzer und kümmert sich um Erhaltung und Wiederaufbau des Landschlosses, das nie enteignet worden war.

Doch in vielen der leeren Räume ist heute die frühere Pracht nur zu erahnen, denn im Lauf der Zeit sind fast alle Stücke der originalen Möblierung zerstört worden oder verschwunden. Dennoch geben Kamine, Wandverzierungen, Stuckdecken und kunstvolle Treppengeländer eine

Was?
Wie viel?
Wo?

Die Anlage ist bei Tag von außen jederzeit zu begehen.

Schlossbesichtigungen sind von Mai bis Oktober samstags, sonn- und feiertags von 13 bis 19 Uhr möglich. Andere Termine nur nach Absprache, die Anmeldung dafür erfolgt über das Gartencafé.

Ahnung von der Wirkung des Schlosses, welche es zu seiner Blütezeit Ende des 18. Jahrhunderts hatte.

Besonders zu DDR-Zeit verfiel das Anwesen. Erst nach der Wende drehte sich die Geschichte des Bedheimer Schlosses wieder zum Guten. Denkmalschutzgelder retteten das Schloss vor endgültigem Verfall. Dächer wurden repariert, dringende Sicherungen maroder Zwischendecken erledigt. Im ehemaligen Wach- und späteren Gärtnerhaus ist mittlerweile ein Café untergebracht, es gibt kleine Ausstellungen und Konzerte.

Im Schlossgarten findet der Besucher eine Gedenktafel für Hugo Rühle von Lilienstern. Der Hobby-Paläontologe hatte im Schloss 1934 ein Sauriermuseum eingerichtet, wo der von ihm am Gleichberg entdeckte und benannte Raubsaurier »Liliensternus« gezeigt wurde. Die Sammlung gehört inzwischen der Berliner Humboldt-Universität.

Auf der über 500 Jahre alten Schlossanlage, die sich oberhalb des Dorfes befindet, betreibt der ökologisch und sozialtherapeutisch ausgerichtete Förderverein Schloss Bedheim e. V. ein kleines, schlichtes Gästehaus und eine Demeter-Gärtnerei (biologisch-dynamischer Gemüseanbau).

Foto: Andrea Fricke

Der letzte Weg des Grafen

Besonders im Herbst, wenn die Linden ein goldenes Blätterdach bilden, ist der Spazierweg zum »Weißen Berg« wunderschön. Foto: Ina Renke

Weithin bekannt ist Beichlingen für sein Schloss, das über den Häusern des Dorfes thront. Fast genau vor 1.000 Jahren, im November 1014, wird die Anlage in der Chronik des Bischofs Thietmar von Merseburg erstmals erwähnt. Er berichtete über die missglückte Entführung der Burgherrin Reinhilde.

Wie die Grafen von Beichlingen und Werthern-Beichlingen in Jahrhunderten ihren Stammsitz gestalteten, kön-

nen Besucher bei Führungen entdecken – auch die fatalen baulichen Spuren, die zu DDR-Zeiten eine Veterinärschule hinterließ.

Doch es gibt in Beichlingen noch mehr zu erkunden. Westlich vom Ort erhebt sich der »Weiße Berg«. Auf dessen Hügel fand Georg von Werthern-Beichlingen (1816– 1895) seine letzte Ruhestätte. Der herausragende Diplomat, den Bismarck als Gesandten Preußens nach Bayern schickte, wählte für sein Grab diesen Ort in der Flur, die er als Naturfreund und Jäger so liebte. Er ließ den einst kahlen Hügel mit Gehölzen bepflanzen. Ein Spaziergang dorthin führt vom Schloss über eine prächtige Lindenallee. Im Herbst bilden die Bäume ein etwa ein Kilometer langes goldenes Blätterdach. Die Herren von Werthern ließen die Linden nach 1895 pflanzen, um mit der Kutsche oder zu Fuß auf würdigem Weg zur Grabstätte zu gelangen.

Der Grabplatz selbst ist ein Ort der Stille, durchbrochen nur von leisem Geräusch, wenn Vögel durch die Äste hüpfen oder der Herbstwind die Blätter von den Zweigen weht. Moos eroberte das Grabdenkmal in Form eines Sarkophages. Hinter dem Grabmal stehen zwei Birnenbäume, die der Förderverein Schloss Beichlingen pflanzen ließ. Vor über 100 Jahren hatte auch Georg von Werthern-Beichlingen solche Bäume gesetzt. Auf dass nachts die Dachse kämen, um die süßen Früchte zu verzehren.

Parkplätze befinden sich direkt am Schloss.

Der »Weiße Berg« mit dem Grabmal des Grafen Georg von Werthern-Beichlingen liegt ungefähr zwei Kilometer westlich von Beichlingen.

Was?
Wie viel?
Wo?

Die älteste bekannte Siedlung der Welt

Vor 370.000 Jahren befand sich an der Stelle der Ausstellungshalle ein Lagerplatz der Urmenschen. Foto: Alexander Volkmann

Die Rätsel, die die Urmenschen bis heute aufgeben, sind schier unermesslich. Eines freilich scheint gelöst. Fred Feuerstein hauste nicht nur in dunklen Höhlen. Zumindest

nicht in Thüringen. Hier wusste er durchaus auch noblere Adressen zu schätzen.

Eine solche Wohnlage bot sich ihm etwa unweit des heutigen Bilzingsleben. Hier wählte sich der sogenannte Homo erectus eine Uferterrasse als Wohnort aus. Drei Hütten entstanden und einige Arbeitsbereiche. All das befand sich am Rande eines etwa 200 mal 300 Meter großen Sees. Nur ein paar Schritte weiter ergoss sich ein Bach in den Teich.

Bilzingsleben, gute 370.000 Jahre später. Weder von einem See ist hier etwas zu entdecken noch von urzeitlichen Behausungen. Das Terrain hat vielmehr die Anmutung eines kleinen, aufgegebenen Steinbruchs. Tatsächlich wird das Gebiet von den Einheimischen entsprechend genannt: Steinrinne.

Dann aber steigt der Besucher ein wenig hinab, entdeckt plötzlich eine moderne Ausstellungshalle – sowie nebenan eine halb verfallene Laubhütte. Sie ist nicht urzeitlich, sondern das Ergebnis eines experimentellen Nachbaus.

Dennoch gilt spätestens in jenem Moment, in dem man vor dieser schlichten Hütte steht: Willkommen im Reich des Urmenschen. Die Behausung nimmt jene Grundrisse

Öffnungszeiten: April bis Oktober dienstags bis sonntags von 10 bis 16 Uhr, letzte Führung um 15.30 Uhr; November bis März von 10 bis 15 Uhr, letzte Führung um 14.30 Uhr.

Was?
Wie viel?
Wo?

Die Ausgrabungsstätte befindet sich am Ortsrand von Bilzingsleben. Es gibt direkt davor einen kleinen Parkplatz.

auf, die die Archäologen in jahrelanger Arbeit aufwendig rekonstruieren konnten. Haben einst Stoßzähne von Waldelefanten den Eingang markiert? Man weiß es nicht. Gut möglich, dass dem so war. Die Funde belegen, dass auf der Speisekarte von Ur-Oma und Ur-Opa vor allem Großsäuger gestanden hatten. Sie brutzelten sich leckere Steaks vom Waldelefanten und vom Waldnashorn, sie verspeisten Bären und Hirsche, Wildrinder und Pferde. Wer die Steinrinne besucht, kann regelrecht eintauchen in diese steinzeitliche Welt. Renommierte Wissenschaftler aus der ganzen Welt jauchzen ob der Komplexität der Bilzingslebener Fundstelle. Nirgends sonst gelang es, einen steinzeitlichen Lagerplatz vollständig zu rekonstruieren.

Gewiss, die wichtigsten Fundstücke befinden sich in Museen (Halle und Weimar) und wissenschaftlichen Sammlungen. Die entdeckten menschlichen Schädelknochen lagern gar im Tresor. Doch die Aura des authentischen Ortes blieb dank einer cleveren Idee erhalten. Eine eigens gebaute Halle überspannt einen Teil der Ausgrabungsfläche.

Es handelt sich um einen von den Urmenschen mit Steinen und Knochen aufwendig gepflasterten Platz. Mittendrin befindet sich ein steinerner Amboss, der mit Hornzapfen eines Bisons umgeben wurde.

War dieser Platz ein Heiligtum und der Amboss ein Altar?

Vieles deutet darauf hin. Noch aber nimmt man dies Rätsel ungelöst mit nach Hause.

Die authentische Ausgrabungsfläche wurde für die Ausstellung mit Glas abgedeckt.
Foto: Alexander Volkmann

Wo der Teufel seinen Schwur brach

Eine Stunde Fußweg von der Burg Hanstein entfernt liegt ein Bergsporn, von dem Wanderer in das wunderschöne Werratal blicken können. Er wird Teufelskanzel genannt. Die Sage erzählt, dass der Teufel von den Hexen auf dem Brocken aufgefordert wurde, einen gewaltigen Felsenkoloss bis zum Hohen Meißner in Hessen zu tragen. Allerdings dürfe er den Stein nicht absetzen und keine Rast einlegen.

Oberhalb der Werraschleife und des Eichsfeld-Ortes Lindewerra brach er den Schwur. Was blieb, ist der große Felsen, von dem pro Jahr mehrere Tausend Menschen hinabblicken auf das Werra-Hufeisen, das erwähnte Stockmacherdorf und die hessischen Waldhügel. Auf dem Bergsporn ist außerdem ein altes Wirtshaus beheimatet,

Die Teufelskanzel erreicht man zu Fuß von Bornhagen, Gerbenhausen oder Lindewerra.

Was? Wie viel? Wo?

Empfehlenswert ist der Rundwanderweg vom Hanstein (Bornhagen) über Lindewerra, an der Werra entlang und wieder zur Burg, wobei man ein Stück Kolonnenweg geht.

Das Gasthaus öffnet bis 31. Oktober täglich 11 bis 18 Uhr, im Winter nur samstags und sonntags sowie an Feiertagen 11 bis 17 Uhr.

urgemütlich eingerichtet. Seit 1880 existiert die Berghütte. Nach dem Krieg allerdings lag sie im Sperrgebiet an der deutsch-deutschen Grenze und verfiel. Erst in den 1970er Jahren bauten Grenztruppen sie wieder auf und nutzten sie für Geselligkeiten.

Wieder zur Blüte geführt wurde das Lokal nach der Wende. Heute reichen die Wirtsleute eine Holunderblütenschorle oder Kräuterschnaps namens »Brennender Bergteufel«. Und wer mag, kann den steilen Weg ins Werratal hinabgehen.

Blick auf die Werraschleife, sie wird Hufeisen genannt.
Foto: Alexander Volkmann

1000 Jahre alt

Stämmig, schrundig, standfest – so wirkt der stattliche Baum. Viel Schatten spendet er nicht, denn in seinem Alter trägt er nicht mehr allzu viel Laub. Dafür hält der massige Stamm alles, was er verspricht: Man kann sich anlehnen an der Alten Eiche, man kann an ihrer Borke den Juckreiz zwischen den Schulterblättern wunderbar lindern, man kann sogar Kraft tanken. Denn es ist ein belebender Gedanke, ein ganzes Jahrtausend auf sich wirken zu lassen. So alt nämlich ist die Alte Eiche auf dem Boxberg bei Gotha.

Das weitere Überdauern von ein, zwei oder auch mehr Menschenleben dürfte für die Alte Eiche nichts Unmögliches sein. Wer mag hier wohl schon alles gewesen sein? Was sahen diese Leute, als es den wunderschönen Blick auf Schloss Friedenstein Gotha noch nicht gab? Wie viele Stürme überstand der Baum, wie viele Blitze schlugen ein?

**Was?
Wie viel?
Wo?**

Die Alte Eiche ist ein Naturdenkmal.
Der Baum steht am nordöstlichen Waldrand des Boxberges.
Die Eiche ist 23 Meter hoch.

Mit dem Auto kann die Eiche nicht erreicht werden. Für Wanderer und Radfahrer gibt es Hinweisschilder.

Wie viele Liebende schworen sich hier ewige Treue, wie viele Trauernde suchten Halt? Die nahe gelegene Autobahn mit all ihrer Hektik erscheint einem bei solchen Gedanken fast wie aus einer anderen Welt.

Die Alte Eiche auf dem Boxberg bei Gotha steht seit einer Ewigkeit. Foto: Thomas Ritter

Der Erzengel und das nackte Kind

Auf dem Markt-
platz vor dem
Rathaus wird
auch heute noch
jeden Mittwoch-
vormittag gehan-
delt. Foto: Peter
Koch

Dieser Markt ist nicht nur Schauplatz der mehr als 1225-jäh-
rigen Stadtgeschichte, er ist auch ein Markt zum Schauen.
Wer dazu Lust hat, dem sei empfohlen, sich vor das Haus
zum Schwarzen Bären zu stellen und den Blick schweifen zu lassen. Genau gegenüber steht das Rathaus. Seine

Höhepunkt im städtischen Leben ist der Pferdemarkt am ersten Wochenende im Juli.

Sehenswert ist auch der Campo Santo mit 160 Grabsteinen im Stil von Barock, Rokoko und Klassizismus.

Was?
Wie viel?
Wo?

zum Markt weisende Front wirkt zwar bescheiden. Dafür haben die Stadtoberen an der Nordseite nicht gespart und sie üppig mit Erker, Portalen und Figuren geschmückt.

Gegenüber, auf der Südseite, erstrahlt der Erzengel Michael im frischen Glanz. Er ist Buttstädts Heiliger und hat seinen Platz im Stadtwappen, in der Kirche und auf dem Marktbrunnen. Dort steht er bereits seit 1597; in der einen Hand hält Michael das Schwert, in der anderen eine Waage. Darin liegt die Seele des Menschen in Gestalt eines nackten Kindes. Um das zu sehen, muss man aber direkt am Brunnen stehen.

Die Entwicklung Buttstädts wurde über Jahrhunderte von der Handelsstraße Via Regia mitbestimmt. Nahe der Stadt wurden große Ochsen- und Viehmärkte abgehalten, ab 1637 wurden hier auch Pferde gehandelt, inzwischen gibt es auch einen Taubenmarkt.

Das Leben in der Stadt zog viele Berühmtheiten an. Der Schwedenkönig Gustav Adolf nahm 1632 am Markt, neben dem »Bären«, Quartier, ehe er nach Lützen in die Schlacht zog. Johann Wolfgang Goethe eilte 1779 als junger Mann vom gastlich gedeckten Tisch beim Stadtapotheker über den Markt ins Rathaus, um als Kriegskommissar bei der Aushebung von Rekruten behilflich zu sein.

Sie alle haben den Markt, der heute als Ensemble unter Denkmalschutz steht, schon so gesehen wie jetzige Passanten.

Im Kanadier zum Kerner

Nachdem sie die quirlige Universitätsstadt Jena hinter sich gelassen hat, schlängelt sich die Saale ausgesprochen gelassen durch eine wunderschöne Landschaft. Am besten erkundet man diese mit dem Paddel in der Hand in einem Kanadier. Es geht flussabwärts, also kann man das Boot, sich und seine Gedanken treiben lassen, sobald man in Camburg das Kanu zu Wasser gelassen hat.

Die vielbesungenen hellen Strände der Saale treiben vorbei, während Weiden ihre dichten Zweige bis übers Wasser hängen. Enten und Otter beäugen neugierig die Wasserwanderer, die in völliger Stille vorbei treiben. Immer wieder gibt es am Ufer etwas zu entdecken. Die ersten Weinberge tauchen auf, spätestens in Kaatschen sollte man beim Weingut Zahn einen Zwischenstopp einlegen.

Saaletal

Bad Kösen

Großheringen

Bad Sulza

Camburg

Grafik: Stefanie Schneider

Reiseveranstalter organisieren Kanu- und Schlauchboot-Touren. Das Auto parkt am Zielpunkt, per Kleinbus geht es zum Startpunkt, wo man die Ausrüstung gestellt bekommt.

Was?
Wie viel?
Wo?

Verpflegung kann mitgenommen werden – nötig ist das allerdings wirklich nicht. Zahlreiche Gaststätten finden sich direkt am Flussufer, viele von ihnen bieten auch geeignete Anlegestellen.

Kurz den Kanadier an Land gezogen, schon perlt der Kerner sanft im Glas, während man direkt am Fluss auf der Terrasse sitzt. Gestärkt geht es weiter in Richtung Landesgrenze. Hier, wo offiziell Sachsen-Anhalt anfängt und doch Thüringen gefühlt immer noch weitergeht, warten bei Saaleck und Bad Kösen nicht nur schroffe Kalksteinfelsen, die sich nahezu senkrecht am Ufer erheben, sondern auch Burg Saaleck und die Rudelsburg.

Spätestens hier in Kaatschen bietet sich ein kurzer Zwischenstopp an.
Foto: Harald Fahrnholz

Das Dörfchen und sein Kloster

Ein Ort für Naturfreunde und Liebhaber von Schleichwegen. Wer Dietenborn im malerischen Helbetal durchfährt, möchte auf der wenig befahrenen Straße eigentlich anhalten und den zahlreichen Wanderschildern folgen. Oder Pilze sammeln. Falls er nicht durch die Klosterruine von seinem Vorhaben abgelenkt wird. Davor gibt es die einzige Parkmöglichkeit im Dörfchen.

Das Kloster wurde 1496 von einem Mönchs- in ein Nonnenkloster umgewandelt. Ein Verein hat in den vergange-

Das ehemalige Nonnenkloster prägt das Ortsbild von Dietenborn, das im westlichen Kyffhäuserkreis zu finden ist.
Foto: Günther Ehrhardt

Grafik: Andreas Wetzel

Die kleine Siedlung Dietenborn gehört zur Kreisstadt
Sondershausen. Das Dörf-
chen liegt auf einer Anhöhe
oberhalb des Helbetales.

Trotz seiner 20 Einwohner
werden immer große Feste
gefeiert, zu denen Besucher
aus den Nachbargemein-
den kommen.

Was?
Wie viel?
Wo?

nen Jahren die Mauern saniert. Vor einigen Jahren schon
wurde der nach dem Missionar Bonifatius benannte Brunnen, in dem er Kinder getauft haben soll, restauriert. Und
hinter dem durch eine Quelle gespeisten Teich ist eine
prächtige Kaskade entstanden.

Rocky Mountains um die Ecke

Wohl jeder Junge, der in der DDR groß wurde, weiß, wer Tokeiihto, Chingachkook und Ulzana waren: Helden. Kaum einer indes ahnte, dass sie, die stets wie Gojko Mitic aussahen, gleich um die Ecke wohnten. Nämlich bei Döbritz, heute Saale-Orla-Kreis. Zumindest hätte es gepasst, rein landschaftlich. Denn zu Häupten der ungefähr zweihunderteinhalb Dörfler ragen deren Rocky Mountains, die sie in ostthüringischer Bescheidenheit »Döbritzer Schweiz« nennen. Zechstein-Riffe, steil und hellgrau, türmen sich überm Tal des Gamsenbachs, der Magerrasen des Hochplateaus gemahnt an Prärie und Mustangs.

In Ermangelung Letzterer strampelte unsereins per Mifa-Rad durchs wilde Grasland der LPG-Schafe; später keuchte das Moped aufwärts, um dem Mädel hinten drauf

Was? **Wie viel?**	Zugang am besten über den ausgeschilderten Pfad, der am Waldbad beginnt und in etwa einer Stunde zu bewältigen ist. Festes Schuhwerk ist dringend anzuraten.
Wo?	Funde aus den Höhlen sowie Erläuterungen zur Geologie präsentiert das Museum auf Burg Ranis, etwa 10 Kilometer entfernt gelegen.

zu zeigen, wo sie Squaw sein könnte: beim Blick über die Orlasenke, beim Einrichten von Hausungen in den Höhlen sowie bei der Pflege des heldenhaften Kriegers dortselbst.

Die andere Sicht der Dinge ist die der Wissenschaft. Sie spricht von »Magdalénien« und »Gravettien«, längst versunkene Zeitalter, da hier Steinzeitjäger Ausschau hielten nach Auerochs, Mammut oder Wildpferd. In den drei Haupthöhlen – Wüste Scheuer, Kniegrotte und Urdhöhle – fanden sich Tierdarstellungen sowie ein Bärenköpfchen, von dem nur zu raten ist, ob es kultischen Dingen diente oder schlicht als Spielzeug.

Heute liegt die Kniegrotte verschlossen hinter Gittern, die anderen Höhlen sind begehbar. Felskletterer mühen sich gern an den Riffen, Naturfreunde schätzen Enzian, Salamander und rare Schmetterlingsarten. Zuweilen freilich muss der Wanderer sich die Ostthüringer Steppe teilen mit Exmoor-Ponys, die fast wild dort leben, um das Gras knapp zu halten, andererseits aber auch beste Staffage sind für die Bilder, die im Kopf wachsen an diesem Ort.

Die Döbritzer Schweiz erinnert an die Kulissen der Western vergangener Tage. Foto: Jens Voigt

Wo Bach heiratete

Musikfreunde aus aller Welt besuchen das beschauliche Örtchen Dornheim, in dem der junge Johann Sebastian Bach den Bund fürs Leben schloss. Da hatte er Arnstadt bereits den Rücken gekehrt und eine Stelle in Mühlhausen angenommen. Doch Bach war mit dem Dornheimer Pfarrer befreundet und so lief am 17. Oktober 1707 der »ledige Gesell und Organist« mit seiner Maria Barbara und der Hochzeitsgesellschaft über die Stoppelfelder die wenigen Kilometer von Arnstadt nach Dornheim.

Bis heute wird dieser Spaziergang gern wiederholt. In der Kirche St. Bartholomäus, so die Überlieferung, warteten neben dem Pfarrer zwei Chöre und zwei Geigenspieler auf Bach und seine ebenfalls sehr musikalische Braut.

Dass es die Traukirche heute noch gibt, ist dem 1996 gegründeten Freundeskreis zu verdanken. Der Verein sammelte Verbündete und viel Geld für die Sanierung, er packt selbst immer wieder mit an. Nach der Wiedereinweihung 1999 hat er das Areal zu einer kleinen Bachgedenkstätte umgestaltet. Regelmäßig finden in der Kirche Konzerte statt. Paare aus aller Welt heiraten hier.

Was?
Wie viel?
Wo?

Es gibt keine festen Öffnungszeiten der Kirche.

Eintritt wird nicht erhoben. Viele Gäste unterstützen die Erhaltung der Kirche mit einer Spende.

Photo: manyakotic, Adobe Stock

HUMMELSTICH

Additional recipe card „Basic Yeast Dough Recipe" needed

350 ml cherry juice
1 packet of vanilla custard
  powder
3 tbsp sugar
750 g sour cherries
250 g deep-frozen puff
  pastry
125 g butter
200 g sugar
150 g chopped almonds
2 tbsp milk
1 egg

Cover a baking tray with yeast dough. Make custard using cherry juice, vanilla custard powder, and 3 tbsp sugar. Spread it on the dough while still warm and spread out 750 g of well-drained sour cherries. Roll out the deep-frozen puff pastry and lay it on top of the cherries.

Bake for 10 min at 180° C (fan setting). In the meantime, stir the melted butter with the sugar and chopped almonds on the hob until the almonds caramelise. Remove from the heat and stir in 2 tbsp of milk. Once it has cooled down, stir in 1 egg. Distribute the mixture over the pre-baked cake and bake for around 30 min at 180° C (fan setting) until it is done, with as little top heat as possible.

A recipe of the
Weidsche Kuchenfrauen

Deutsche Version auf der Rückseite ›

Foto: manyakotic, Adobe Stock

HUMMELSTICH

Benötigt die Rezeptkarte „Grundrezept Hefeteig"

350 ml Kirschsaft
1 Päckchen Vanillepudding-
  Pulver
3 EL Zucker
750 g Sauerkirschen
250 g TK Blätterteig
125 g Butter
200 g Zucker
150 g gehackte Mandeln
2 EL Milch
1 Ei

Ein Blech mit Hefeteig vorbereiten. Aus Kirschsaft, Vanillepudding-Pulver und 3 EL Zucker einen Pudding kochen. Noch warm auf den Hefeteig streichen und 750 g gut abgetropfte Sauerkirschen darauf verteilen. TK Blätterteig ausrollen und auf die Kirschen legen.

10 min bei 180° C Umluft backen. Inzwischen die zerlassene Butter mit Zucker und gehackten Mandeln auf dem Herd verrühren, bis die Mandeln karamellisieren. Vom Herd nehmen und 2 EL Milch unterrühren. Nach dem Abkühlen 1 Ei unterrühren. Die Masse auf dem vorgebackenen Kuchen verteilen und in ca. 30 min bei 180° C Umluft und möglichst geringer Hitze von oben fertig backen.

Ein Rezept der
Weidschen Kuchenfrauen

English version on the back ›

Anlässlich des 300. Hochzeits- jubiläums wurde die Trauung in Dornheim nachgestellt. Foto: Andrea Fricke

Inmitten von Streuobstwiesen

Umgeben von Wanderwegen und Streuobstwiesen und einer uralten Mauer liegt das Ensemble des historischen Forsthauses. Wer sich bei seinem Anblick an eine Wasserburg erinnert fühlt, der irrt nicht. 1204 erstmals erwähnt, wurde die Anlage ab 1290 mehr als 150 Jahre lang von einem Kloster bewirtschaftet. Damals entstanden Mauer, Wall und Graben. Später war die Anlage sogar Jagdschloss.

Zu Wendezeiten in traurigem Zustand, wurde der Komplex in den vergangenen Jahren Stück für Stück saniert. Landesbehörden, Stadt und der Forsthaus-Verein kümmerten sich um die Wiederauferstehung. Dazu gehört auch die Restaurierung des mit Jagdgemälden verzierten Festsaals, der jetzt zu den schönsten in Thüringen zählt.

Das Forsthaus war einst Wasserburg. Foto: Antje Köhler

Jeden letzten Sonntag im Monat ist der Komplex von 10 bis 17 Uhr geöffnet. Der Eintritt ist frei. Die Backstube ist in Betrieb, es gibt Kaffee, Kuchen und Führungen durch das Forsthaus und die angrenzende Gemarkung. Auch der restaurierte Festsaal kann besichtigt werden.

Parkplätze sind ausreichend vorhanden.

Was?
Wie viel?
Wo?

Das Forsthaus ist Dienstsitz des Thüringer Forstamts Erfurt-Willrode, das für 18.500 Hektar Wald rund um Erfurt zuständig ist. Deshalb kann das Gebäude nicht täglich besichtigt werden, sondern nur zu besonderen Gelegenheiten wie Konzerten oder dem Denkmaltag.

49

Spektakulär und romantisch

Wenn die Wartburg das unbestritten berühmteste Touristenziel der Stadt ist, so ist die Drachenschlucht jener Ort in der herrlichen, waldreichen Umgebung, an dem sich jede Alltagsanspannung verliert.

Zunächst führt der Pfad am lieblichen Bächlein vorbei und fast wie ein normaler Wanderweg in den Wald. Doch nach kaum zehn Minuten erblickt der Naturfreund einen in den Fels gemeißelten Buchstaben »A«. Das A steht freilich nicht für Anfang, sondern erinnert an eine Prinzessin Anna.

Spektakulär wird es, wenn sich der Weg in die rostroten Felsen zwängt. Links und rechts berührt das Gestein beinahe die Schultern, Himmel und Baumwipfel sind einige Meter über dem Kopf nur durch einen schmalen Spalt zu erblicken. Direkt unter den Füßen des Wanderers gurgelt das Wasser. Nach einer knappen Stunde erreicht man an der »Hohen Sonne« den Rennsteig.

Der Wanderweg durch die Drachenschlucht ist etwa drei Kilometer lang.

Was?
Wie viel?
Wo?

Am Eingang befinden sich Stellflächen für Autos.

Im Winter ist die Schlucht wegen Vereisung oftmals nicht passierbar.

ERLEBNISWELT SCHLOSS SCHWARZBURG

Hoch über dem Schwarzatal, inmitten bewaldeter Berge liegt das Schloss Schwarzburg – Stammschloss, Jagdschloss und Sommerresidenz der Grafen von Schwarzburg-Rudolstadt. Das neuerrichtete Torhaus empfängt seit Mai 2018 Besucher. In dem sanierten Zeughaus wird die fürstliche Waffensammlung präsentiert. Das Zeughaus ist das einzig erhaltene, freistehende Zeughaus Deutschlands. Die Waffensammlung des Schwarzburger Adelsgeschlechts beinhaltet rund 5.000 originale Waffen, Rüstungsgegenstände und Trophäen. Darüber hinaus lädt am Ende der Schlossanlage der Kaisersaal mit dem barocken Gartenparterre mit historischer Orangerie zu einer Besichtigung ein. Die Bildergalerie im Kaisersaal zeigt 48 lebensgroße Darstellungen mittelalterlicher Kaiser und Könige und lässt den ursprünglichen Prunk der Anlage erahnen.

Schlossstraße 1a, 07427 Schwarzburg
Kostenpflichtig
www.schloss-schwarzburg.com

Foto: Vanessa Finn, Thüringer Tourismus GmbH

English version on the back ›

SCHWARZBURG CASTLE WORLD OF ADVENTURE

High above the Schwarzatal valley, surrounded by wooded hills sits Schwarzburg Castle – hereditary castle, hunting lodge and summer residence of the Counts of Schwarzburg-Rudolstadt. The newly erected Torhaus (gatehouse) has greeted visitors since May 2018. The royal weapons collection is displayed in the renovated Zeughaus, the sole surviving free-standing arsenal in Germany. The weapons collection of the Schwarzburg noble family includes around 5,000 original weapons, armour and trophies. At the far end of the castle complex, the Kaisersaal (imperial hall) with its baroque garden including historic orangery is well worth a visit. The picture gallery in the Kaisersaal shows 48 life-sized representations of medieval emperors and kings, allowing visitors to get an idea of the original magnificence of the complex.

Schlossstraße 1a, 07427 Schwarzburg
With costs
www.schloss-schwarzburg.com

Photo: Vanessa Finn, Thüringer Tourismus GmbH

Deutsche Version auf der Rückseite ›

An der schmalsten Stelle
ist die Klamm lediglich
68 Zentimeter breit.
Foto: Sven-Uwe Völker

51

Ein Ort der Besinnlichkeit

Wer auf dem Miet-Esel gen Wartburg reitet, dem fällt auf jeden Fall die lebensgroße Bronzefigur der ehemaligen Thüringer Landgräfin Elisabeth auf. Anlässlich des Elisabeth-Jubiläums im Jahr 2007 fanden auf dem sogenannten Plan archäologische Grabungen statt. Und man wurde fündig. Die Grundmauern eines Hospitals kamen zum Vorschein.

Auch eine Grabstätte wurde gefunden. Vermutlich handelt es sich dabei um die des auf der Wartburg lange Zeit inhaftierten Fritz Erbes. Die Grabungen selbst wurden wieder verfüllt, aber die Grundrisse sind gestalterisch nachempfunden.

Der Elisabethplan ist ein Ort der Ruhe. Die Elisabeth-Figur wird oft mit Rosen geschmückt. Sie erinnern an die Sage vom Rosenwunder. Man kann sich auf eine der Bänke setzen und die Ruhe des Waldes genießen. Dass dereinst dieses Hospital eine Stätte der Wohltätigkeit der heiligen Elisabeth war, verleiht dem Ort eine besondere Atmosphäre. Und so kann der Besucher dort ein Buch lesen oder sich einfach dem Vogelgezwitscher hingeben.

Was?
Wie viel?
Wo?

Man erreicht den Elisabethplan am besten zu Fuß, Kinder können gegen Entgelt auch auf einem Esel hierher reiten. Startpunkt ist idealerweise der Parkplatz unterhalb der Wartburg.

Weitere Parkplätze gibt es in Mariental. Von dort wird ein Kleinbuszubringerdienst zur Burg angeboten.

Schemenhaft ist
die Elisabeth-
Statue hier zu
sehen. Sie steht
unterhalb der
Burg. Foto: H.
Kleinschmidt

Ein echter Fernseh-Ausblick

Diesen traumhaften Blick kennen Millionen. Wann immer der Eisenacher Fernseh-Doktor Christian Kleist ein Problem wälzt, fährt er mit dem Mountain-Bike auf den Panoramaweg. Von dort aus hat er einen Blick über die gesamte Stadt am Fuß des Thüringer Waldes. Direkt auf dem Berg gegenüber thront majestätisch die Wartburg, das gründerzeitliche Villenviertel mit seinen Prachtbauten im Süden der Stadt schmiegt sich an die Ausläufer des Rennsteigs. Bis zu sieben Millionen Zuschauer sehen die Folgen der Serie in der ARD, sie durften mit Dr. Kleist und seiner Familie oft diesen Ausblick genießen und dabei die Gedanken schweifen lassen.

Der Panoramaweg ist ein rund 620 Meter langer Kammweg auf dem Rücken der Göpelskuppe, die die Stadt nach Südosten hin begrenzt. Weil der Weg so am Rande liegt, verirren sich nicht so oft Touristengruppen hierher, eher einzelne Wanderer. Die Eisenacher schätzen den Hügel umso mehr. Sie kommen gerne hier herauf.

Weil der Weg über eine Wiese führt, die links und rechts steil abfällt, und der Ausblick durch nichts gestört wird,

	Das Burschenschaftsdenkmal kann täglich von 10 bis 18 Uhr besichtigt werden.
Was? **Wie viel?** **Wo?**	Der Panoramaweg kann natürlich kostenlos begangen werden.

lässt man im Herbst hier auch Drachen steigen. Im Winter wird zu Tal gerodelt, und zu Silvester versammeln sich hier oben regelmäßig Massen von Feiernden, die den Anblick des Feuerwerks über der Stadt genießen.

Der Panoramaweg beginnt am Parkplatz des Burschenschaftsdenkmals – eine weitere spektakuläre Sehenswürdigkeit der Stadt, die etwas im Schatten von Wartburg, Bach und Luther steht. Dabei prägt sie das Stadtbild schon von weit her, wenn man sich Eisenach von Osten auf der A 4 oder per Bahn nähert. Das Monument, das nach der Wende aufwendig restauriert wurde, ist rund 33 Meter hoch und sieht aus wie ein gigantischer Bierkrug mit Zinndeckel. Es stammt von 1902 und erinnert daran, dass die burschenschaftliche Bewegung 1817 von der Wartburg aus ihren Lauf nahm.

Oberhalb des Burschenschaftsdenkmals schlängelt sich der Panoramawanderweg über die Wiesen.
Foto: Birgit Schellbach

Die Burg der Deutschen

Seit fast einem Jahrtausend thront die Burg in Eisenach auf felsiger Höhe. Sie ist Anziehungspunkt für jährlich Hunderttausende Menschen. Betritt ein Gast den Burghof, öffnet sich ihm ein Geschichtsbuch: die Erbauung der Burg durch Ludwig den Springer, die höfische Kunst des Mittelalters, der Sängerkrieg mit Walther von der Vogelweide, Martin Luthers Übersetzung des Neuen Testaments, das Wartburgfest der Burschenschaften oder Richard Wagners »Tannhäuser«.

Dem Wirken der Burschenschafter verdankt die Wartburg auch ihren Beinamen »Burg der Deutschen«. Hier in Eisenach hatten die Studenten anno 1817 für einen deutschen Nationalstaat gestritten. Ihre Forderung kulminierte gut drei Jahrzehnte später in der Revolution von 1848.

Landgraf Ludwig II. hinterließ mit dem dreigeschossigen Palas ein architektonisches Meisterwerk, das bis heute bewundernswert ist. Die oberen Etagen dienten dem fürstlichen Repräsentieren, die im Erdgeschoss befindlichen Räume bildeten die Wohnung der landgräflichen Familie. Der Palas war mit Kaminen und einer Fußbodenheizung äußerst modern ausgestattet.

Was?
Wie viel?
Wo?

Die Burg öffnet von November bis März täglich von 9 bis 17 Uhr. Die letzte Führung beginnt um 15.30 Uhr. Von April bis Oktober ist täglich von 8.30 bis 20 Uhr geöffnet.

Unterhalb der Burg ist ein Parkplatz. Es gibt auch einen Bus-Zubringer.

Die Wartburg
gehört zum
Welterbe.
Foto: Alexander
Volkmann

Wo einst Herzog Christian flanierte

Herzog Christian, das elfte Kind von Herzog Ernst dem Frommen von Sachsen-Gotha, wählte im Jahre 1676 das Städtchen Eisenberg zu seiner Residenz. Bis 1692 ließ er hier das Schloss, das heute Landratsamt des Saale-Holzland-Kreises ist, umbauen, die Schlosskirche errichten und den Schlossgarten umgestalten. Der untere Teil des Schlossparks ist heute mit Schatten spendenden, alten Bäumen bestanden. Im oberen Teil kann der Besucher unter dem Blätterdach eines romantischen Bogengangs flanieren oder sich am Springbrunnen entspannen.

Die Schlosskirche gilt mit ihrer prunkvollen Ausstattung als eine der schönsten Barockkirchen Mitteldeutschlands. Von 1989 bis 1992 wurde die Kirche umfassend res-

**Was?
Wie viel?
Wo?**

Der Schlossgarten ist ganztags zu besichtigen. Der Eintritt ist frei.

Die Schlosskirche ist von April bis Oktober dienstags bis sonntags 10 bis 16 Uhr geöffnet; von November bis März dienstags bis freitags 10 bis 16 Uhr, Sa./So./Feiertag 13 bis 16 Uhr. Der Eintritt ist für Kinder bis zwölf Jahren und Schulklassen frei.

Foto: Josef Mohyla, iStock

STACHEL- ODER JOHANNISBEERKUCHEN

Benötigt die Rezeptkarte „Grundrezept Hefeteig"

700 ml Milch
1,5 Päckchen Puddingpulver
 (Vanille für Stachelbeere,
 Frucht für Johannisbeere)
3 EL Zucker
1 kg Früchte
300 g Mehl
200 g Zucker
200 g Margarine
Zerlassene Butter
Puderzucker

Ein Blech mit Hefeteig vorbereiten. Aus Milch, Puddingpulver und 3 EL Zucker einen Pudding kochen. Diesen auf den Hefeteig streichen und eng mit Früchten belegen. Aus Mehl, Zucker und Margarine Greibeln (Streusel) kneten und über den Kuchen verteilen.

Bei etwa 180°C und möglichst geringer Oberhitze etwa 30 min backen. Nach dem Backen mit zerlassener Butter bestreichen und mit Puderzucker bestäuben.

Ein Rezept der
Weidschen Kuchenfrauen

English version on the back ›

Photo: Josef Mohyla, iStock

GOOSEBERRY OR REDCURRANT CAKE

Additional recipe card „Basic Yeast Dough Recipe" needed

700 ml milk
1.5 packets of custard powder (vanilla for gooseberries, fruit for redcurrants)
3 tbsp sugar
1 kg fruit
300 g flour
200 g sugar
200 g margarine
Melted butter
Icing sugar

Cover a baking tray with yeast dough. Make custard using milk, custard powder, and 3 tbsp sugar. Spread this on the dough and cover it with a dense layer of fruit. Rub the flour, sugar and margarine together to make crumble and spread it over the cake.

Bake for about 30 minutes at about 180° C with the top heat turned as low as possible. After baking, brush on melted butter and dust with icing sugar.

A recipe of the
Weidsche Kuchenfrauen

Deutsche Version auf der Rückseite ›

tauriert und erneut feierlich geweiht. Heute wird sie für Gottesdienste, Konzerte und Trauungen genutzt.

Herzog Christian starb im Jahr 1707 kinderlos, das Herzogtum Sachsen-Eisenberg wurde aufgelöst.

Die Schloss-kirche, vom Schlossgarten aus fotografiert. Foto: Claudia Bioly

Die berühmteste Thüringer Treppe

Etliche Cafés, Restaurants und Lokale säumen den Erfurter Domplatz, nahezu alle haben auch eine Terrasse. Doch wollte man den schönsten Platz küren, an dem man hier, mitten in der Altstadt, ein Eis schlecken oder eine Bratwurst verzehren kann, wären sie allesamt chancenlos. Wo also ist es am schönsten? Unzählige Erfurter und Touristen stimmen Tag für Tag mit den Füßen ab. Sie steigen einfach einige der 70 Domstufen empor, setzen sich auf die Treppe und ergötzen sich an der malerischen Aussicht. Zu ihren Füßen breitet sich der Domplatz großflächig aus. Jahrhunderte alte Bürgerhäuser rahmen den Platz. Von der Seite grüßen die Wallanlagen der Zitadelle Petersberg herüber.

Die Domstufen führen hinauf auf den Domberg, zum Mariendom und zu dessen Schwesterkirche St. Severi. Die Freitreppe ist zugleich Namensgeberin des seit vielen Jahren beliebtesten Thüringer Theaterfestivals. Die Domstufen-Festspiele locken in jedem Sommer Abertausende aus Nah und Fern an. Da sitzen sie dann zu spätabendli-

Was?
Wie viel?
Wo?

Die Domstufen sind rund um die Uhr zugänglich.

Eintrittsgelder werden nicht fällig.

In unmittelbarer Nähe gibt es Straßenbahn- und Bushaltestellen sowie ein öffentliches Parkhaus.

cher Stunde, lauschen Melodien aus dem »Messias« oder aus »Jesus Christ Superstar« – und sie bestaunen fast wie nebenbei den eigentlichen Superstar. Die Treppe.

Mal werden die Stufen mit aufwendigen Kulissen verhüllt, mal stehen sie, wie sie sind, als spartanisches Bühnenbild. Vor einigen Jahren begnügten sich die Ausstatter gar damit, einfach ein riesiges Marienbild auf die Stufen zu zaubern. Viele Erfurter waren entzückt und wünschten sich, das Bildnis möge ihnen erhalten bleiben.

Seit dem 15. Jahrhundert gibt es diese 70 Stufen. Sie sind ein idealer Schauplatz für liturgische wie weltliche Inszenierungen. 1990 wurde von der Treppe herab eine der großen Reden der deutschen Geschichte gehalten. Vermutlich über 100.000 hörten damals aus dem Munde von Kanzler Helmut Kohl erstmals das Versprechen von blühenden Landschaften. Was damals kaum einer der Anwesenden wusste: Bereits zwei Jahre zuvor war der Bundeskanzler erstmals Thüringens berühmteste Treppe emporgekraxelt – als Tourist.

Madeleine Spengler und Christian Löffler sind Touristen aus Berlin. Auch sie genießen die Treppe. Foto: Marco Kneise

Eine Quelle für Körper und Geist

»Nicht für Menschen mit salzarmer Ernährung geeignet.« So steht es auf der Plakette, die oberhalb der Quellenaustritte angebracht ist. Und tatsächlich: Das Wasser, das man hier schöpfen kann, ist salzig im Geschmack.

Die Drei-Brunnen-Quelle ist Teil eines Naturdenkmalgebietes, das zu jeder Jahreszeit einen ausgedehnten Spaziergang wert ist. Zu Beginn des 19. Jahrhunderts angelegt, wuchs um die Quelle mit den Jahren jene einzigartig geschwungene Parklandschaft, die heute als Luisenpark bekannt und hoch frequentiert ist.

Aufgrund ihres Alters wurden die drei artesischen Brunnen – das Grundwasser steht hier unter einem besonders hohen Druck und gelangt daher von selbst an die Oberfläche – zu Beginn der 1990er Jahre mit Orientierung an historischen Bauplänen restauriert. Zuvor war die Quelle ob des jahrelangen Verfalls beinahe versiegt.

Was? Wie viel? Wo?

Die verschiedenen Wassersorten der Drei-Brunnen-Quelle kann sich der Besucher kostenlos abfüllen. Es wird auf einer Hinweistafel jedoch davon abgeraten, das Wasser in großen Mengen zu sich zu nehmen, da es abführend wirken kann.

Grafik: Andreas Wetzel

Die drei Rohre mit den verschiedenen Quellen erreicht man trockenen Fußes. Foto: Anne Martin

Völlig unerwarteter Charme

Hört man »Erfurt Nord«, denkt man an Roten Berg, Rieth, Moskauer Platz. Diese Plattensiedlungen sind wenig reizvoll für naturverbundene Radfahrer. Die Realität ist indes eine völlig andere. Der dortige Radweg führt nämlich entlang der Gera-Aue. Und die ist ein grünes Paradies.

Der Gera-Radweg führt über zehn Kilometer durch die Stadt. Der Weg beginnt im Süden und ist geprägt von herrschaftlichen Villen, beschaulichen Parkanlagen und der mittelalterlichen Innenstadt. Die restlichen Kilometer geben ein ganz anderes Bild. Vorbei am größten Freibad der Stadt radelt man parallel zu Plattensiedlungen, Indus-

Grafik: Stefanie Schneider

Der Gera-Radweg ist 75 Kilometer lang und führt von der Schmücke durch den Ilmkreis und Erfurt bis nach Gebesee.

Auf der vorletzten Etappe durchquert man Erfurt auf zehn Kilometer Länge.

Was?
Wie viel?
Wo?

triegebieten und vorbei an Sportanlagen. Und dennoch hat dieser nördliche Teil des Weges einfach Charakter. Hier trifft man Studenten in den Parkanlagen, Familien auf den vielen großen Spielplätzen, Spaziergänger jeglichen Alters. Das üppige Grün lässt vergessen, dass man mitten in Plattenbauten ist.

Radelt man entlang der Gera-Aue, kann man so manche interessante Entdeckung machen – etwa einen Fischreiher beim Start beobachten.
Foto: Jens König

Geballte Stadtgeschichte

Was haben drei mumifizierte Katzen mit der über Erfurt thronenden Zitadelle Petersberg zu tun? Seit Mitte der 1990er Jahre lässt sich die Antwort direkt auf dem Petersberg selbst finden. Damals eröffnete dort eine kleine militärhistorische Ausstellung. Sie zeigt nicht nur, was man ohnehin erwarten würde – etwa alte Uniformen, Kanonenkugeln und Säbel –, sondern auch besagte drei Katzen. Die Tiere waren kurz zuvor bei Abrissarbeiten unter den Dielen eines alten Patronenhauses entdeckt worden. Dort hatte man die Katzen einst in einem kleinen Verschlag lebendig eingemauert – als Bauopfer.

Die Ausstellung ist in der ehemaligen Grenadierstube des prächtigen, barocken Festungstores untergebracht. Wer die hölzerne Tür öffnet, fühlt sich sogleich in die alte Wachstube versetzt. Sogar mit Strohsäcken gepolsterte Feldbetten sind hier aufgebaut worden.

Auf kaum einem Punkt in Erfurt drängt sich die Stadtgeschichte so dicht wie auf dem Petersberg. Er beherbergte deutsche Kaiser und Könige. Während des Dreißigjährigen Krieges nutzten ihn die Schweden. Mitte des 17. Jahrhun-

Was? Wie viel? Wo?	
	Das gesamte Areal ist ohne Eintritt zu besichtigen. Parkplätze sind vorhanden.
	Zu Fuß gelangt man von mehreren Richtungen aus auf den Berg. Der Besuch der Peterskirche ist kostenlos. Sie beherbergt das Forum Konkrete Kunst.

Grafik: Doris Wiegleb

derts verwandelte sich das Areal in eine Festung. 1873, als der deutsche Kaiser viele Festungen zurückbauen ließ, wurden auf dem Petersberg nur Teile demontiert, weshalb die Anlage heute in ihrem ganzen Ausmaß erlebbar ist. Besucher können auf dem Areal die Jahrhunderte durchschreiten und gleichzeitig von oben auf die Altstadt schauen. Der Panorama-Blick ist vom feinsten.

Die Zitadelle zählt zu den besterhaltenen Stadtfestungen in Deutschland. Am eindrucksvollsten ist der Weg vom Domplatz hinauf durch das Tor der Zitadelle. Oben erwartet Besucher die Peterskirche, die einst größte romanische Klosterkirche Thüringens. Die riesige Defensionskaserne harrt noch der Sanierung und künftiger Mieter. Eine weitere Kaserne ist top saniert und beherbergt das Landesamt für Denkmalpflege.

Wer einfach nur entspannen möchte, kann auf Wiesen lümmeln oder eine der vier riesigen Schaukeln ausprobieren.

Auch in den Abendstunden lädt der Erfurter Petersberg zum Spaziergang ein und bietet eine imposante Kulisse.
Foto: Marco Schmidt

Pücklers Befreiungsschlag

Nahezu einen Kilometer lang ist die Blickachse durch den Park zum Schloss. Foto: Maik Ehrlich

Ortskundige empfehlen, Park und Schloss in Ettersburg von der Höhe des Ettersberges aus anzusteuern. Das sei wie Landschaftskino. Vom höchsten Punkt der sogenannten Pücklerwiese aus bietet sich zunächst ein herrlicher Blick

über das Thüringer Becken nördlich von Weimar. Beim Weiter- und Hinuntergehen wachsen dann Schloss und Kirche aus dem Tal heraus, bis sie schließlich eindrucksvoll über der Wiese thronen.

Geschichte und Landschaft gingen an diesem historischen Ort eine wunderbare, im 20. Jahrhundert allerdings auch denkwürdige Verbindung ein. Schloss Ettersburg war Sommersitz und Musenhof der Herzogin Anna Amalia. Goethe betrieb hier ein Liebhabertheater. Schiller vollendete hier die »Maria Stuart«. Später empfing Großherzog Carl Alexander Geistesgrößen wie Hans Christian Andersen oder Franz Liszt in Ettersburg. Nur wenige Jahrzehnte später warf das nahe Konzentrationslager Buchenwald seine Schatten auch auf diesen Ort.

Der legendäre Gartenkünstler Fürst Hermann von Pückler-Muskau war es, der gegenüber dem Schloss eine 50 Meter breite und fast einen Kilometer lange Schneise in den damals dichten Buchenbestand am Nordhang des Ettersberges schlagen ließ. Der so entstandene Pücklerschlag ist heute nicht nur einer der schönsten Rodelberge Thüringens. Als Gartendenkmal stellt er auch eine der eindrucksvollsten Hinterlassenschaften Pücklers dar. Schon zur Entstehungszeit überwogen die Lobeshymnen über den ebenso kreativen wie kühnen Befreiungsschlag.

Garten- und Parkanlagen des Schlosses sind jederzeit frei zugänglich.

Das Schloss wurde vor einigen Jahren zum Tagungszentrum und Sitz einer Stiftung ausgebaut. Besichtigungen sind möglich – nach Voranmeldungen unter (03643) 7 42 84 18.

Was?
Wie viel?
Wo?

Eiskalt auch im Sommer

Es gibt in Thüringen keinen Bergsee, der es mit dem an der Ebertswiese aufnehmen kann. Ein mystischer Ort und zauberhafter Rastplatz. Eigentlich gehört er zur Gemarkung von Floh-Seligenthal, von wo aus auch ein befestigter Fahrweg zur Ebertswiese führt. Der reizvollere Weg für Wanderer ist aber von Tambach-Dietharz im Landkreis Gotha aus.

Hier geht es durch den Splittergrund, der – je nach Wetter – mit Schattenspielen oder auch dampfender Natur begeistert. Stets zu hören ist das Rauschen des Splitterbachs. Wen, einmal auf dem Rennsteig angekommen, der Hunger umtreibt, der wird am Berggasthof »Ebertswiese« kaum vorbeigehen. Seit Jahrzehnten halten hier die Wan-

Auf dem Weg zur Ebertswiese laden Schutzhütten zu einer kurzen Ruhepause ein. Foto: Peter Riecke

Busse nach Tambach-Dietharz fahren ab von Gotha – Ausstieg Splittergrund. Per Auto in Seligenthal nach Floh abbiegen. Dort den Schildern folgen.

Das Tauchen im Bergsee ist möglich. Dazu ist eine Anmeldung in Floh erforderlich.

Was?
Wie viel?
Wo?

derer Einkehr. Inzwischen hat sich die einstige Jugendherberge zu einem gemütlichen Gasthof gewandelt, der mit Hausmannskost zu begeistern weiß.

Nun sind es noch knapp 500 Meter bis zum über zehn Meter tiefen Bergsee. Malerisch eingerahmt von Felsen, von denen Wagemutige einen Sprung wagen. Auch heute gilt: Wer baden will, sollte sich gut abkühlen! Zumindest ab Mai ist das Wasser meist eisfrei.

Marias Glas aus dem Thüringer Wald

Wer sich für die Entstehung des vielfach besungenen Thüringer Waldes und den Bergbau interessiert, sollte sich eine Führung in der Marienglashöhle keineswegs entgehen lassen. Die Geschichte der als geologisches Naturdenkmal eingetragenen Höhle beginnt bereits im 18. Jahrhundert. In der Hoffnung, Kupfer abbauen zu können, wurde mit dem Bau des Stollens begonnen. Statt des Metalls fand man jedoch Gips, der schließlich bis 1903 abgebaut wurde.

Über gut begehbare Wege und Treppen in den einzelnen Höhlenteilen ist das Schaubergwerk rund um das Jahr für Besucher zugänglich. Eine Führung dauert etwa 45 Minuten. Die obere Sohle ist sogar für Rollstuhlfahrer geeignet. Hier bekommen sie einen Blick auf die Kristallgrotte.

Was?
Wie viel?
Wo?

Die Marienglashöhle ist täglich geöffnet. Vom 1. April bis 31. Oktober von 9 bis 17 Uhr, vom 1. November bis 31. März schließt sie bereits um 16 Uhr.

Mehrmals im Jahr finden Konzerte statt, bei denen die Höhle mit Hunderten Kerzen beleuchtet wird.

Da in der Höhle eine Temperatur von acht bis zehn Grad herrscht, sollten Besucher immer eine Jacke mitnehmen.

Sie gehört zu den schönsten und größten Grotten Europas. Dort können Gipskristalle von bis zu 90 Zentimetern Länge bewundert werden. Weil sie früher zur Verzierung von Altären, Kronleuchtern und Gemälden verwendet wurden, entstand der Name Marienglas.

Bernd Scharfenberg führt ehrenamtlich durchs Bergwerk.
Foto: Thomas Ritter

Ein Dorf und seine Künstler

Lange Zeit hatte der kleine Ort einen Dornröschenschlaf gehalten. Nur wenige Autos verirrten sich auf dem Weg vom Südharz nach Mühlhausen hierher. Mancher mochte und mancher wollte hier nicht mehr leben. Häuser standen leer, verfielen. Bis Künstler auf das Refugium aufmerksam wurden und sich hier ansiedelten. Erst nach dem Ende der DDR konnte der Ort aus seinen neuen Mitbewohnern Nutzen ziehen. Die lockten nämlich Gäste an. So wurde ein früherer Forsthof zu einem Kunsthof umgebaut.

Er dient vor allem als Schullandheim. Kinder und Jugendliche können sich in der Keramik- oder in der Grafikwerkstatt ausprobieren. Auch Erwachsene machen übers Wochenende von dem Angebot Gebrauch.

Ganz in der Nähe sprudelt die nahe Helbequelle. Sie ist durch gut ausgeschilderte Wanderwege problemlos zu erreichen wie viele andere Ziele. Denn in Friedrichsrode kreuzen sich große Wanderrouten der Region.

Was?
Wie viel?
Wo?

Das Dorf hat nur 80 Einwohner, darunter fünf Künstler, ist aber durch seine traditionellen Feste weithin bekannt.

Den Mittelpunkt des Dorfes bildet der Kunsthof, ein Schullandheim mit künstlerischer Ausrichtung. Er zählt jährlich 5.000 Übernachtungen plus Tagesgäste.

Grafik: Stefanie Lins

Beim alljährlichen Kunstmarkt in Friedrichsrode lockt nicht nur die Begegnung mit der Kunst an sich. Auch viele Straßenkünstler mischen sich dann unter die Besucher.
Foto: Nico Kiesel

Der höchste Punkt des Landes

Es ist ein einmaliger Anblick. Am Morgen allein auf einer Holzbank auf dem Schneekopf in 978 Meter Höhe. Wohin man auch schaut, überall sieht man bewaldete Hügel. Dann steigt langsam die Morgensonne über den Wald …

Der zweithöchste Berg des Thüringer Waldes garantiert freie Blicke in sämtliche Himmelsrichtungen, Bäume verstellen auf dem Plateau nirgendwo die Sicht. Die Kuppe wurde von schweren Stürmen über die Jahrzehnte leergefegt. Später kam das Militär, hielt die Fläche frei. Der Schneekopf aber bietet neben der spektakulären Rundumsicht auch einen Höhenrekord. In dem dortigen Aussichtsturm kann der Besucher auf 1.001 Meter hinaufsteigen und das Gefühl genießen, auf dem höchsten Punkt Thüringens zu stehen. Aus der verglasten Kanzel sieht man den Brocken im Norden, den Ruppberg im Westen, östlich den Kickelhahn und südlich die beiden Gleichberge, wo einst die Kelten siedelten.

	Der Schneekopf liegt zwischen dem Rondell Oberhof und der Schmücke.
Was? **Wie viel?** **Wo?**	Kurz vor der Schmücke geht es auf einen Parkplatz im Wald, danach zu Fuß auf den Berg.
	Er ist ganzjährig frei zugänglich.

Bereits 1852 stand ein Steinturm auf dem Schneekopf. Er wurde aber in den siebziger Jahren des vorigen Jahrhunderts von der sowjetischen Armee gesprengt. Das Militär hatte den Berg besetzt, erst Deutsche und Amerikaner, letztlich die Russen. Erst 1990 eroberten sich die Thüringer den Schneekopf als Wanderziel zurück. Heute lädt zudem unterhalb des Turmes die Neue Gehlberger Hütte zum Ausruhen ein.

Weite Wiesen laden auf dem Schneekopf zum Ausruhen ein. Die gläsernen Gipfel-Taler sind ein beliebtes Souvenir. Foto: Alexander Volkmann

Einzigartig und majestätisch

Das Schloss Frie-
denstein entstand
in der Mitte des
17. Jahrhunderts.
Foto: Thomas
Ritter

Einzigartig, unverwechselbar, geheimnisvoll, unergründlich – all das ist Schloss Friedenstein. Man kann noch so oft
unter den Arkaden entlang laufen, noch so oft die Treppen
emporsteigen, noch so oft über knarzende Dielen gehen:
Immer wieder umhüllt Schloss Friedenstein den Gast mit

Schloss Friedenstein ist eine frühbarocke Anlage und steht an der Stelle der im Jahr 1567 geschleiften Burg Grimmenstein.

Das Schloss Friedenstein ist vom Zentrum Gothas bergan zu Fuß zu erreichen, auch vom Bahnhof ist es nicht weit.

**Was?
Wie viel?
Wo?**

Geöffnet ist dienstags bis sonntags 10 bis 17 Uhr
(von November bis März nur bis 16 Uhr).

seiner Aura, die gleichermaßen anziehend wie unnahbar wirkt.

Schnörkellos und majestätisch steht das Schloss über der einstigen Residenzstadt und ist aus allen Himmelsrichtungen von weither zu sehen. Was sich von seiner Kulisse am besten einprägt, sind die verschiedenen Dachformen der beiden Türme: Das eine Dach ist gewölbt wie eine Mütze, das andere hat glatte Flächen wie eine Pyramide. Einem Brand ist dies geschuldet, vor langer Zeit. Was einst ein großes und kostspieliges Malheur war, bescherte der modernen Stadt Gotha ein einprägsames Logo für die offiziellen Briefköpfe der Verwaltung und für touristische Werbung.

Ägyptische Sammlung, Herzogliche Kunstkammer, Münzkabinett, Museum der Natur, Museum für Regionalgeschichte, Schlosskirche mit Fürstengruft, Forschungsbibliothek – das alles und viel mehr hat Schloss Friedenstein zu bieten. Die Aufzählung ist nicht einfach: Es findet gerade ein enormer Umbruch statt, dessen Ziel lautet, ein »Barockes Universum« zu schaffen. Zwar bleibt selbstverständlich jeder Stein auf dem anderen, ansonsten aber wird umsortiert nach Kräften. Nicht jedem gefällt das neue Konzept. Aber immerhin: Das Land Thüringen fördert die extravagante Idee mit 20 Millionen Euro.

Geistertanz im Gartensaal

Ein Schatz, dessen Strahlkraft weit über die Stadtgrenzen hinausreicht, steht im Greizer Park: das Sommerpalais. Der Weg vom nächstgelegenen Parkplatz führt an der munter strömenden Weißen Elster entlang. Auf einer Bank sonnt sich eine Katze, unter den Füßen knirscht Kies. Rechterhand führen gewundene Pfade zwischen hohen Märchenbäumen tiefer hinein in den Park. Auch das Sommerpalais bleibt lange von den Bäumen verborgen. Umso überraschender ist die Erscheinung, wenn die Vegetation den Blick frei gibt: ein stattliches dreigeschossiges Gebäude, das an ein Schloss erinnert.

»Maison de belle retraite« (Haus des schönen Refugiums) nannte Bauherr Fürst Heinrich XI. Reuß das Sommerpalais, das auch im Winter seine Reize hat. Foto: Marco Kneise

Mit dem frühklassizistischen Bau wurde um 1768 begonnen. Wenig später entstand der Gartensaal, dessen Parkseite über die gesamte Länge verglast ist. Das Tageslicht wird von strahlend weißen Wänden reflektiert, dass es blen-

Von Oktober bis März kann die Sammlung dienstags bis sonntags zwischen 10 und 16 Uhr besichtigt werden, von April bis September von dienstags bis sonntags zwischen 10 und 17 Uhr.

Was? Wie viel? Wo?

Das Sommerpalais liegt in einem Park. Es kann nur zu Fuß erreicht werden.

det. Schließt der Besucher dann die Augen, meint er die Geister der Vergangenheit um sich herum zu spüren – rauschende Ballkleider, die sich auf der Tanzfläche zu spätbarocker Musik drehen.

Seit 1921 beherbergt das Sommerpalais die fürstliche Bibliothek und die Kupferstichsammlung. Mit der 1975 gegründeten Karikaturensammlung »Satiricum« wurde das Spektrum des Sommerpalais erweitert. Die inzwischen auf den gesamten deutschen Sprachraum erweiterte Sammlung gehört zu den bedeutendsten ihrer Art.

Traumhafte Flusslandschaft

Auch Ramies Müller und Sylvia Rupprecht erkundeten bereits die Schönheit des Unstruttals. Foto: Alexander Volkmann

Rauschend und mit feinen weißen Kronen verlässt die Unstrut scheinbar überschwänglich das Tal zwischen Nägelstedt und Großvargula. Hier, flussabwärts eines Naturschutzgebietes, ist das Wasser am Ende seines verträumten, noch ursprünglichen Weges, auf dem es unterwegs kleine Inseln umarmt, die Wurzeln von Kopfweiden streichelt, Fische durch ruhig plätschernde Zonen trägt und Wiesenblumen Farbkraft gibt.

Der Weg durch das Tal ist weitgehend flach. Der Weg ist geschottert und gut befestigt.

Der Radweg ist gut ausgeschildert.

Parkplätze sind zwar nicht explizit ausgewiesen, finden sich aber in den anliegenden Orten.

Was?
Wie viel?
Wo?

Das Tal zwischen Großvargula und Nägelstedt ist wie ein Extrakt aus allen Reizen der insgesamt 192 Kilometer langen Unstrut. Dabei liegt es völlig unvermutet wie ein verschlafenes und kaum beachtetes Paradies inmitten normalen Ackerlandes.

Tief und steil sind die Hänge dieses Durchbruchtales. Während die Hänge bis auf einen Weinberg nicht bewirtschaftet sind, grasen in den Auen Schafe und auf schmalen Streifen gedeihen verschiedene Getreidearten. Hin und wieder rollen Radfahrer auf einem Schotterweg durch die Idylle.

Ohne die Radwanderkarten würde dieser Ort wohl weiter einsam träumen und seine Wirkung für sich behalten. So aber werden sie bewundert, die Frischwiesen, Quellflure und kleinen Tümpel, die Pappeln, Eschen und Weiden, die konzertierenden Vögel, flitzenden Eidechsen und leuchtenden Libellen. Überdachte Rastmöglichkeiten und Picknickmöglichkeiten zwischen den Obstwiesen und Laubmischwäldern bieten Gelegenheit zum Ausruhen.

Bei Nägelstedt steht die Lohmühle. Das Gebäude stammt von 1850. Eine Wassermühle wurde an diesem Standort aber bereits 1255 erwähnt. Seit 2009 trifft hier Geschichte auf Moderne. Ein riesiges Wasserrad wird zur Energiegewinnung eingesetzt.

Über allen Wipfeln

»Dem Urwald aufs Dach steigen« – mit diesem Spruch wird für den Baumkronenpfad im Nationalpark Hainich geworben. Gemeint ist er wörtlich. Denn nirgendwo sonst in dem Buchenwald, der Bestandteil des Weltnaturerbes ist, kommt man den riesigen Baumkronen so nahe.

Rund 200.000 Besucher strömen Jahr für Jahr herbei. In der Ferienzeit und bei bestem Ausflugswetter sorgt das manchmal für Wartezeiten. »Der Baumkronenpfad hat aber eigentlich zu jeder Jahreszeit seine Reize«, weiß Tourismusfachfrau Antje Lehmann. Sie persönlich mag am liebsten den Herbst, wenn sich die Blätter prächtig färben. »Das erinnert an den Indian Summer, wie man ihn aus Nordamerika kennt«, weiß sie. Sie mag aber auch das Frühjahr, wenn die ersten, zarten Blätter sprießen, den Sommer, wenn man von oben auf die Baumkronen schauen kann und diese wie riesige Brokkoli aussehen. Im Winter gibt es herrliche Fotomotive von der verschneiten Landschaft.

Was? Wie viel? Wo?

Geöffnet sind der Baumkronenpfad und das Nationalparkzentrum April bis Oktober von 10 bis 19 Uhr und November bis März von 10 bis 16 Uhr.

Viele Navigationsgeräte kennen den Pfad nicht. Zimmern oder Craula eingeben – und dann der Beschilderung folgen.

Schulklassen zahlen pro Kind nur einen Euro.

530 Meter lang ist der Baumkronenpfad inzwischen. Der Pfad selber ist barrierefrei und kann auch mit einem Aufzug erreicht werden. Lediglich auf das Erklimmen des 40 Meter hohen Turmes müssen Gehbehinderte verzichten, denn der Ausguck in höchster Höhe ist nur über Stufen erreichbar. Der Pfad begeistert aber alle Generationen. Denn neben Blicken direkt in die Baumwipfel gibt es viele Stationen, an denen die umgebende Natur erläutert wird, und Spaßelemente wie ein Kletternetz, eine Seilbrücke und Tunnel, durch die Höhentaugliche wagemutig kriechen können.

Geöffnet ist zu jeder Jahreszeit – es sei denn, es stürmt. Am Forsthaus Thiemsburg, wo sich der große Parkplatz befindet, gibt es allerdings im Nationalparkzentrum eine wunderbare Schlechtwetteralternative. Hier wurde eine Ausstellung eingerichtet, die die Besucher begeistert. Wer alle interaktiven Angebote ausprobiert, braucht rund fünf Stunden, auf dem Baumkronenpfad sind Familien durchaus zwei Stunden lang beschäftigt.

Über 530 Meter schlängelt sich der Baumkronenpfad über die Wipfel und bietet herrliche Ausblicke. Foto: Jens König

Sole aus 533 Meter Tiefe

Der Heiligenstädter ist sich da ganz sicher: Wir haben das älteste Völkerschlachtdenkmal. Doch Wolfgang Friese, einer der anerkanntesten Heimatforscher der Stadt, ist etwas vorsichtiger: »Sagen wir, eines der ältesten.« Der Obelisk ist tatsächlich nur zwei Jahre nach der Völkerschlacht bei Leipzig – also 1815 – entstanden, doch vielleicht gibt es in irgendeinem Dorf einen älteren? In der Kurstadt weiß man es nicht.

Die Gäste, die durch den Kurpark schlendern, wundern sich schon eher, weshalb in einem Kurpark Gräber zu sehen sind. Der Alte Friedhof ist einer der lauschigsten Teile des Geländes, das sich wie ein Gürtel um die Stadtmauer der Gemeinde schmiegt. Bürgermeister Karl Wolters war es, der sowohl das Kurwesen als auch den Kurpark in Heiligenstadt etablierte. Dafür nutzte er die ehemaligen Wallanlagen, die zu dieser Zeit schon zu einer städtischen Plantage geworden waren. Und er integrierte einen natürlichen Wasserfall, von dem schon Theodor Storm schwärmte, als er in Heiligenstadt wohnte. Dieser Wasserfall ist bis heute

Was?
Wie viel?
Wo?

Der Kurpark wurde 1927 angelegt. Seither wuchs er auf eine Fläche von 8,5 Hektar. Die Anlage bildet das Bindeglied zwischen dem historischen Ortskern und den modernen Kureinrichtungen am Stadtrand.

ein Herzstück des Parks. Ein Wassertretbecken gibt es hier ebenfalls und natürlich einen großen Teich mit Fontäne.

Zuletzt ließen die Heiligenstädter nach der Wende einen Solebrunnen bohren – 533 Meter tief. Eine Sporthalle entstand, ein Minigolfplatz und eine Büste, die den Kopf des Namensgebers für die Anlage zeigt: Heinrich Heine. Der wurde einst in der Hauptstadt des Eichsfeldes getauft.

Wasserspiel im Kurpark. Foto: Eckhard Jüngel

Wo Storm noch lebt

In diesem Haus hat Theodor Storm nie gelebt. Weil das 1436 erbaute Mainzer Haus aber zu den schönsten Gebäuden der ehrwürdigen Kurstadt zählt, kürten es die Oberen noch vor der Wende zum Literaturmuseum. Der bekannteste Bildhauer der Region, Werner Löwe, fertigte ein Standbild des berühmten Dichters, der von 1856 bis 1864 hier Kreisrichter war. Es steht vor dem Haus.

Heute zählt das Storm-Museum, wie es im Volksmund genannt wird, zu den wichtigsten Dichterstätten der Bundesrepublik. Unter anderem weil es eine der umfänglichsten Sammlungen zur Storm-Rezeption besitzt. Drucke und Malereien vornehmlich. Der Kontakt nach Husum, wo es ein zweites Haus gibt, das dem Autor des Schimmelreiters, der Regentrude und des kleinen Häwelmannes gewidmet ist, ist eng.

Als im Jahr 2003 die Storm-Kennerin Dr. Regina Fasold von der Universität Leipzig an das Museum kam, gehörte zu ihren Aufträgen, die Ausstellung neu zu konzipieren. Ohne viel Aufhebens tat sie es, brachte den neuesten Forschungsstand ein. Storms Jahre hat Regina Fasold in den

Was?
Wie viel?
Wo?

Das Literaturmuseum öffnet dienstags bis freitags von 10 bis 17 Uhr, samstags und sonntags von 14.30 bis 16.30 Uhr.

Führungen für Schulklassen und Gruppen sind nach Anmeldung möglich.

Quelle: Google
Grafik: Doris Wiegleb

Heilbad Heiligenstadt

A38

Thüringen

Leidefelde-Worbis

Dingelstädt

Bad Sooden-Allendorf

B247

Hessen

Eschwege

B249

Vordergrund gerückt. Wie hat er gelebt, welches Werk entstand hier in Thüringen? Auf sechs Räume verteilt, ist all dies zu erfahren. Die Fachwelt lobt vor allem, dass den Besuchern der Zugang zum Werk geöffnet wird und es sich in Heiligenstadt nicht um eine bloße Ansammlung von Devotionalien handelt.

Rund 5.000 Besucher kommen jährlich. Viele von ihnen bleiben dort stehen, wo es auch der Museumsleiterin am besten gefällt: in der Flucht aus Türen, die einem das Gefühl gibt, das gesamte Haus mit einem Mal erfassen zu können.

Vor dem Museum steht Storm noch immer – als Plastik von Werner Löwe. Foto: Eckhard Jüngel

Blaubeeren und Auerhähne

Der Lange Berg markiert die Grenze zwischen Thüringer Wald und Thüringer Schiefergebirge. Sein Name erklärt sich tatsächlich aus seiner Länge. Über sieben Kilometer erstreckt er sich. Sechs Gemeinden liegen an seinem Fuß.

Den mit Latschenkiefern bewachsenen Gipfel krönt ein Denkmal aus Natursteinen. Es wurde zu Ehren des letzten Fürsten Karl Günther von Schwarzburg-Sondershausen errichtet. Seit einiger Zeit thront wieder eine dem Original nachempfundene Statue des Fürsten auf dem Denkmal.

Statt eines Turms krönt ein begehbares Denkmal den Gipfel vom Langen Berg.
Foto: Ralf Ehrlich

Der Berg hat eine Höhe von 809 Metern.

Zu den Veranstaltungen auf dem Gipfel gehören das Lange-Berg-Fest und Gottesdienste im Grünen.

Was?
Wie viel?
Wo?

Bei guter Sicht ist von hier aus der weitaus berühmtere Inselsberg zu sehen. Er ist 50 Kilometer entfernt. Wer auf kürzerer Distanz auf Suche geht, findet ab August Blaubeeren. Mit ganz viel Glück trifft man einen der Auerhähne, die hier vor einigen Jahren ausgewildert wurden. Neben Wanderwegen führen Themenwege wie der Wurzelkurt-Pfad oder der Pilzsteig hierher.

Das pure Landleben

Wie bei einer Zeitreise eröffnet das Thüringer Freilicht-
museum Hohenfelden die Chance, das Landleben zwischen dem 17. und 20. Jahrhundert hautnah zu erleben. 1979
gegründet, umfasst es rund 35 Gebäude, die sowohl im Dorf
Hohenfelden selbst als auch im Museumsdorf am Ortsrand
zum Besuch einladen. Zuvorderst sind dies Bauernhäuser. Aber eine Schmiede und eine Töpferei, die Bockwind-
mühle und das Dorfbrauhaus vermitteln einen lebendigen
Eindruck vom einstigen Leben. Zumal sie alle mit dem
passenden Mobiliar ausgestattet wurden und komplett
besichtigt werden können.

Auch im Winter
verzückt das
Museumsdorf,
allerdings hat
dann nur ein
kleinerer Teil –
der Pfarrhof –
geöffnet.
Foto: Candy Welz

Die historischen Gebäude kamen aus allen Ecken
Thüringens ins Weimarer Land, um hier in traditioneller
Handwerkskunst wieder aufgebaut zu werden. Zum weit-
hin sichtbaren Wahrzeichen hat sich dabei die Bockwind-

Das Museumsdorf sowie der Pfarrhof öffnen im Sommerhalbjahr täglich 10 bis 18 Uhr.

Im Winterhalbjahr steht nur der Pfarrhof innerhalb Hohenfeldens offen – täglich außer montags 11 bis 17 Uhr.

Was?
Wie viel?
Wo?

mühle am Eichenberg entwickelt, die 1729 in Großmehlra bei Schlotheim errichtet worden war. Das eigentliche Musemszentrum bildet indes das alte Pfarrhaus im mehr als 750 Jahre alten Dorf Hohenfelden. Es wurde 1804 bis 1806 erbaut und beherbergt Sonderausstellungen.

Ein Markenzeichen der Museumsarbeit sind die Extra-Veranstaltungen, die übers Jahr stattfinden. Im großen Stil werden dann Thüringer Handwerkskunst, alles rund ums Schaf oder auch das traditionelle Brauwesen präsentiert. Besuchermagnete sind auch das Erntedankfest und der Käsemarkt.

Die Mordlust im Walde

Ein Spätherbstmorgen, Nebelschwaden ziehen durch den Mischwald. Aus dem Nichts heraus trötet ein Horn. Minuten später tritt ein Zwölfender samt Harem auf die Wiese, wittert Rüben, Kastanien und Äpfel, die da im Gras liegen. Der Hirsch, immer wieder den Kopf nach hinten werfend, nähert sich den Leckereien, die Kühe ziehen nach. Plötzlich krachen Schüsse, von vorn, von der Seite, aus Luken und Mauerlücken, bis das letzte Tier verröchelt. Wieder tönt ein Horn: Die Jagd ist vorbei.

So in etwa ging es zu auf dem Rieseneck bei Hummelshain, als es noch nicht Ausflugsziel fürs Volk, sondern Jagdgebiet des Hochadels war. Förster und Waldbauern errichteten ein weitläufiges System aus Pirschgräben, unterirdischen Schleichgängen, Schießhäusern und dem »Blasehaus«. Von hier bliesen sie täglich ins Horn, sobald das Futter auf dem Wildacker lag, bis sich Reh, Hirsch, Schwein und sonstiges Getier daran gewöhnt hatten, dass

Was? Wie viel? Wo?

Von zwei Wander-Parkplätzen an der Straße Hummelshain – Kahla sowie am Chausseehaus führen ausgeschilderte Wege zur Jagdanlage.

Als Ergänzungsziele empfehlen sich die Leuchtenburg und Hummelshain, wo sich auch das eigentliche Jagdschloss der Herzöge befindet.

auf Musik ein lecker Fresschen folgt. Und irgendwann der Tod aus den Flinten der aus halb Europa angereisten Jagdgäste. Chroniken berichten von wahren Gemetzeln.

Nach 1830 verfiel die Anlage. Heute wird sie von einem Förderkreis gepflegt. Wer dem einstigen Morden im Wald nachgehen oder sich einfach der landschaftlichen Idylle zwischen Saale, Leuchtenburg und dem Zwei-Schlösser-Dorf Hummelshain ergeben will, braucht Zeit und gutes Schuhwerk. Die adeligen Schützen durften reiten oder fahren im Wald. Das Volk heute nicht.

Im zur Jagdanlage gehörenden »Herzogsstuhl« soll auch mancher Bürgerliche tiefe Einblicke in die Leidenschaften des Hochadels erhalten haben.
Foto: Jens Voigt

Weltberühmt dank Goethe

Für ihre beiden Hausberge ist die Stadt Ilmenau bekannt, doch liegt der Lindenberg stets im Schatten seines Bruders – des Kickelhahns. Den machte Goethe weltberühmt, als er an die Wand des nach ihm benannten Bretterhäuschens auf dem Gipfel »Wanderers Nachtlied« schrieb. Von der Stadt aus aber ist vor allem der markante Turm zu sehen: Eröffnet am 12. Mai 1855, ist das im byzantinischen Stil errichtete Bauwerk seither eine feste Adresse für Besucher wie Einheimische.

»Einmal im Jahr sollte jeder Ilmenauer auf dem Kickelhahn gewesen sein«, findet Oberbürgermeister Gerd-Michael Seeber. Spätestens beim Kickelhahnfest zum Geburtstag des Dichterfürsten wird alljährlich auf dem 861 Meter hohen Berggipfel gefeiert. Auch Ilmenaus Studenten haben den Kickelhahn längst zum festen Programmpunkt ihrer Studienzeit gemacht. Beim »Bierathlon«

	Zum Kickelhahn führt ein stark ansteigender, 1 Kilometer langer Wanderweg.
	Das Berggasthaus »Kickelhahn« ist täglich geöffnet.
Was? Wie viel? Wo?	Im nahegelegenen Jagdhaus Gabelbach gibt es ein Museum mit der Ausstellung »Goethe und die Natur«. Das Jagdhaus war die Kulisse für die Verfilmung von »Die Leiden des jungen Werther«.

Grafik: Andreas Wetzel

schaffen es die Schnellsten in unter einer halben Stunde von der Stadt auf den Gipfel und trinken dabei einen Kasten Bier.

Ob sie dann noch den Blick für die Aussicht haben, ist indes fraglich – vom 24 Meter hohen Turm ist an schönen Tagen die Sicht bis zur Veste Coburg oder dem Kyffhäuser möglich. Immerhin mehr als 100.000 Besucher pro Jahr genießen Aufstieg und Aussicht.

Das Bezwingen des Aussichtsturmes ist bei einem Ausflug zum Kickelhahn bei Ilmenau Pflicht. Foto: Ralf Ehrlich

Ein Orkan
bescherte Fernblick

Als im Januar 2007 Orkan »Kyrill« den Ilmenauer Lindenberg heimsuchte, bot sich hernach ein Bild der Verwüstung. Der Sturm hatte nahezu den gesamten Nordhang abrasiert, gebrochene Baumstämme ragten von der Stadt aus wie geknickte Streichhölzer in den Himmel. Inzwischen hat sich die Natur den Berg zurückerobert. Die Ilmenauer pflanzten zudem Tausende Laubbäume, für deren Gedeih die Feuerwehr an warmen Tagen mit dem Tanklöschwagen sorgte.

Der brachiale Sturm hatte auch seine positive Seite: Von keinem anderen Berg in der Region aus bietet sich seitdem ein solcher Weitblick über die Stadt hinaus bis ins Thüringer Becken. Als »Balkon von Ilmenau« wird eine neue Aussichtsplattform bezeichnet.

Auch historisch ist der 749 Meter hohe Berg von Bedeutung: Von hier aus stürzten sich ab 1909 erst wagemutige Rodler ins Tal, nach 1926 zählte die damals erbaute Bobbahn zu den steilsten künstlich angelegten Abfahrten

**Was?
Wie viel?
Wo?** Der Lindenberg ist ein Wanderziel. Startpunkt ist die Ilmenauer Festhalle, es geht über die Waldstraße zum Ritzebühl, dann zehn Kilometer den Wegweisern folgen.

Europas. Noch heute sind die mit Steinen aufgeschichteten Kurven bei einem Rundgang über den Bob- und Rodelweg zu besichtigen. Mittlerweile hat eine neue Sportart den Berg erobert. Beim Downhill donnern Radfahrer die Strecke hinab.

Ein beliebtes Wanderziel ist der Lindenberg – umso mehr, seitdem die Sicht frei ist.
Foto: Ralf Ehrlich

Traumhafte Wanderwege

Der Aufstieg zum Landgraf ist steil und nicht ganz unbeschwerlich. Verschiedene Wege führen über zahlreiche Treppenstufen hinauf zu dem 278 Meter hohen Berg, der von den Einheimischen auch liebevoll »Balkon Jenas« genannt wird und wegen seines Aussichtsturms weithin sichtbar ist.

Auch in der Dämmerung bietet sich ein wunderbarer Blick auf die Stadt und das Saaletal. Foto: Tino Zippel

Obwohl der Landgraf ein Ganzjahres-Ausflugsziel ist, entfaltet der Berg vor allem in der wärmeren Jahreszeit ganz besonderen Charme. Nicht selten sitzen dann junge Liebespaare beim Sonnenuntergang auf den Bänken und genießen die romantische Aussicht, während sie sich näher kommen.

Grafik: Stefanie Lins

Mehrere Aufstiege füh-
ren zum Landgraf: Fußgän-
ger starten am besten vom
Max-Wien-Platz aus.

Der Aussichtsturm ist an
Wochenenden und Feier-
tagen geöffnet.

Was?
Wie viel?
Wo?

Einer der gut beschilderten Pfade führt von hier zum
Schlachtfeld von 1806, auf dem Napoleon mit seinen Trup-
pen bei der Doppelschlacht von Jena und Auerstedt die
preußische Armee besiegte. Auf dem Landgraf selbst sorgt
ein Abenteuerspielplatz im angrenzenden Goethewäldchen
mit seinem lichtdurchfluteten Buchenwald dafür, dass der
Ausflug auch für Familien attraktiv ist und Kinder sich
nicht langweilen.

Unablässiger Wasserschwall

400 Jahre alt und noch immer wunderbar erfrischend ist das Gründelsloch. In der Tiefe schimmert die Karstquelle geheimnisvoll smaragdgrün. Dicke Bänder von Algen wabern aus der Tiefe, ehe sich das Wasser in ein gefasstes Becken ergießt, um von hier zu einer Fischaufzucht zu fließen.

Das Gründelsloch, das nahezu unergründlich scheint (Achtung! Tauchen verboten!), wird gleich von mehreren bis zu 30 Zentimeter großen Öffnungen gespeist. Pro Sekunde strömen etwa 200 Liter aus. Das ganze Jahr über liegt die Temperatur bei 10 bis 11 Grad. Wer im Schatten der Bäume am Gründelsloch sitzt und hört, wie das Wasser gluckst, der vernimmt vielleicht die Sage vom Fuhrmann, der hier mit Pferd und Wagen in der Tiefe verschwand.

	In Kindelbrück helfen Hinweisschilder, den richtigen Weg zu finden.
Was? **Wie viel?** **Wo?**	Das Gründelsloch, in einem kleinen Park gelegen, ist immer frei zugänglich.

Ein beruhigend
schöner Ort am
Stadtrand ist das
Gründelsloch.
Foto: Alexan-
der Volkmann

Entdeckungen am Waldrand

Etwa zwei Kilometer lang ist der Kunstwanderweg in Kleinbreitenbach, der seit 1997 als Ergebnis von Internationalen Kunstsymposien der Volkshochschule Arnstadt-Ilmenau entstanden ist. Jeweils fünf bis sechs professionelle Künstler aus mehreren Ländern arbeiten unter dem Motto »Kleine Welt – große Welt« in dem Dorf jeweils eine Sommerwoche lang gemeinsam mit Kursteilnehmern der Volkshochschule sowie Kindern und Jugendlichen.

Die Einwohner treffen sich mit den Künstlern am Lagerfeuer und beim Konzert. Auch das Abschlussfest feiern stets viele Gäste mit. Jahr für Jahr ist der Weg gewachsen.

Inzwischen laden etwa 50 Objekte in und um die romanische Wehrkirche, auf dem Dorfplatz sowie am Ortsrand zu einer Entdeckungsreise ein. Selbst ein Trafohäuschen wurde kunstvoll gestaltet. Die Kunstwerke aus Holz, Metall, Stein, Beton oder auch Flaschenverschlüssen gehen eine Symbiose mit der reizvollen Landschaft unterhalb der Reinsberge ein, erlauben immer wieder neue Durch- und Ausblicke.

**Was?
Wie viel?
Wo?**

Der Weg ist ständig begehbar, der Rundgang kostet keinen Eintritt.

Man kann sehr gut mit dem Rad hierher kommen, der Gera-Radwanderweg führt in etwa zwei Kilometer Entfernung vorbei.

Quelle: Google
Grafik: Andreas Wetzel

Rund um Kleinbreitenbach
warten jede Menge
Entdeckungen auf Kunst-
freunde. Foto: privat

Das Ilmtal zu Füßen

Kranichfelds Oberschloss gehört zu den beliebten Ausflugszielen im südlichen Weimarer Land – auch dank der Aussichtsplattform auf dem Dicken Turm.
Foto: Candy Welz

Wie ein gestrandetes Schiff steht das Oberschloss hoch über Kranichfeld. Sich durch die schmalen Gassen des Städtchens den Weg hinauf zu bahnen lohnt allemal. Oben offenbart sich eine Kulisse, die jedem Mantel- und Degenfilm gut zu Gesicht stünde.

Das Oberschloss öffnet von März bis April außer montags von 10 bis 16 Uhr, von Mai bis Oktober dienstags bis freitags 10 bis 17 Uhr sowie samstags und sonntags von 10 bis 18 Uhr. Dezember bis Februar ist geschlossen.

Alljährlich zu Pfingsten lädt der Förderkreis des Oberschlosses zum Mittelalter-Spektakel.

Was?
Wie viel?
Wo?

Im zwölften Jahrhundert wurde das Oberschloss im romanischen Stil errichtet. Seit Mitte des 16. Jahrhunderts erfuhr es allerdings umfangreiche Umbauten. Aus dieser Zeit stammt auch ein Wahrzeichen: der »Leckarsch«, die steinerne Schlussfigur des Südwest-Erkers in anrüchiger Pose. Das Schloss allein darauf zu reduzieren würde ihm nicht gerecht. Erst recht nicht, seit sich 1981 engagierte Kranichfelder zusammenfanden, um das historische Gemäuer vor dem Verfall zu retten.

1994 wurde das Oberschloss wieder für Besucher zugänglich. Im gleichen Jahr übernahm die Thüringer Schlösserstiftung das Ensemble und investierte seither über zwei Millionen Euro in dessen Erhalt – zuletzt in den Dicken Turm. Von seiner neuen, aufwändig gestalteten Aussichtsebene bietet sich ein herrlicher Panorama-Blick über das Ilmtal.

Die Burg wurde 1315 als Kastell errichtet.
Foto: Marco Kneise

Zu Gast beim Ordensritter

Wer auf der Autobahn 71 in Richtung Bayern unterwegs ist, dem bietet sich wenige Minuten nach dem Blick zum Schneekopf ein mindestens ebenso malerisches Panorama: der breite Bergrücken des 739 Meter hohen Dolmar, davor eines der am besten erhaltenen mittelalterlichen Gebäude Thüringens – die Johanniterburg Kühndorf.

Dass die große gotische Anlage heute die einzige in Deutschland erhaltene Burg des Johanniterordens ist und nicht längst zur Ruine verfiel, ist der bayerischen Adelsfamilie von Eichborn zu verdanken. Die kaufte das marode Gemäuer zu Beginn der 1990er Jahre und restaurierte es jahrelang.

Dabei wurde die Burg auch Stück für Stück touristisch erschlossen. Besichtigt werden können Henneberg- und Johannitersaal, das Verlies, die Burgküche, die Wächterstube und die Torburg mit Gerichtszimmer und Kapelle. Die Gastronomie ist ganz auf die Organisation von Hochzeiten, Seminaren und Mittelalterfesten spezialisiert.

Führungen von März bis Oktober jeweils freitags um 11 und 14 Uhr.

Für Gruppen ab 15 Personen kann nach Anfrage eine Führung mit Kaffeetrinken oder Mittagessen gebucht werden.

Was?
Wie viel?
Wo?

Herrlicher Blick ins Werratal

Als Doppelburg gehört die Brandenburg-Ruine zu den Raritäten in Thüringen. Lange Zeit lag sie im Dornröschenschlaf an der einstigen innerdeutschen Grenze. Nach der Wende sorgte eine Interessengemeinschaft für Ordnung auf der Feste und sicherte die Ruine. Sie wurde zu einem lauschigen Ort, der zum Spaziergang entlang der Burgmauern einlädt, der Geschichte auf Informationstafeln vermittelt und der einen grandiosen Blick auf das Werratal ermöglicht. Auch eine Aussichtsplattform auf dem mittelalterlichen Wohnturm gibt es, die genutzt werden kann. Außerdem informiert ein Museum in diesem Turm über die Geschichte der Burg und über den Alltag im Mittelalter.

Wanderer ziehen an der Brandenburg vorüber. Foto: Marco Kneise

Grafik: Andreas Wetzel

Bis zum kleinen Parkplatz direkt an der Landstraße kann man mit dem Auto fahren. Dann führt ein kurzer Fußweg hinauf zur Burg.

Auch per Rad kann man die Burg gut erreichen – über den Werratal-Radweg.

Geöffnet ist das Museum im Wohnturm sonntags von 11 bis 17 Uhr.

Was?
Wie viel?
Wo?

Seit 1994 gehört die Burganlage zum Bestand der Stiftung Thüringer Schlösser und Gärten. Das 1990 erstmalig ausgerichtete Brandenburgfest hat sich inzwischen zu einem überregionalen Höhepunkt der Mittelalterszene entwickelt und findet alle zwei Jahre statt. Seit dem Jahr 2000 werden weitere Veranstaltungen auf der Burg angeboten. Dazu gehören Theateraufführungen und Konzerte.

Erinnerung an die alte Heimat

Das Thüringer Schiefergebirge und das Altvater-Gebirge in Schlesien haben vieles gemeinsam. Eine abgeschiedene Hochebenen-Landschaft mit sanften Hügeln, kleinen Dörfern und einsamen Wäldern ist für beide Mittelgebirge gleichermaßen charakteristisch, obwohl sie rund 500 Kilometer Luftlinie auseinander liegen.

Als aus Schlesien vertriebene Mitglieder des Altvater-Turmvereins zu Beginn der 1990er Jahre dem Wetzstein einen Besuch abstatteten, fühlten sie sich jedenfalls so sehr an ihre alte Heimat erinnert, dass die Idee eines Gedenkortes entstand. 2004 war es schließlich so weit. Auf dem mit 792 Metern höchsten Berg Ostthüringens wurde eine orginalgetreue Nachbildung des 1959 zusammengefallenen und nicht wieder aufgebauten Altvater-Turms eingeweiht.

Was? Wie viel? Wo?

Von der Kleinstadt Lehesten aus führt ein leicht begehbarer Wanderweg hinauf zum Wetzstein. Der Höhenunterschied beträgt lediglich 142 Meter auf knapp sieben Kilometern.

Langstreckenwanderer können den Berg auch über den Rennsteig erreichen, der wenige Kilometer südlich verläuft.

Grafik: Andreas Wetzel

Von der Aussichtsplattform haben Besucher eine herrliche Aussicht bis nach Leipzig, zum westlichen Thüringer Wald, ins bayerische Fichtelgebirge, in Richtung Vogtland und sogar bis ins ferne Erzgebirge. Im Keller der Gedenkstätte befindet sich die St.-Elisabeth-Kapelle mit Gedenktafeln für Städte und Gemeinden, aus denen Sudetendeutsche nach dem Zweiten Weltkrieg vertrieben wurden.

Auf dem Wetzstein wurde eine Nachbildung des Altvater-Turmes errichtet.
Foto: Eva-Maria Kasimir

Geschichtsträchtiger Zankapfel

Schlagzeilen machte die Ordensburg Liebstedt in den letzten Jahren mehrmals. Das liegt weniger an der Tatsache, dass es sich bei der Anlage um eine Ordensburg des Deutschen Ritterordens handelt, als vielmehr am Kaufinteresse eines Winzers. Viele Bürger stellten sich dagegen.

Ein Besuch in Liebstedt lohnt sich aber auch, wenn man diesen Streit um den Verkauf der Landesimmobilie ausblendet. Im 12. bis 13. Jahrhundert, so erfährt es der geneigte Besucher, traten die Herren von Liebstedt auf den Plan. Als die Ritterfamilie in der ersten Hälfte des 14. Jahrhun-

Beim Gautschfest auf der Ordensburg geht es traditionell feuchtfröhlich zu.
Foto: Dirk Lorenz-Bauer

Offiziell geöffnet ist die Burg samstags und sonntags 12 bis 17 Uhr. Andere Termine bzw. Führungen sind nach Anmeldung möglich.

Vor der Burg befindet sich ein kleiner Parkplatz.

Was?
Wie viel?
Wo?

derts ausstarb, fiel das Lehen an den Deutschen Ritterorden. Der wiederum baute eine Komturei auf. Er bestand, bis ihn Napoleon zu Beginn des 19. Jahrhunderts auflöste.

Die Anlage, die eine bewegte Geschichte mit Bränden, Plünderungen und verschiedenen baulichen Veränderungen erlebte, besteht aus Vorburg und Kernburg. Sehenswert sind der Kapitelsaal sowie der Torturm.

Eine unrühmliche Ritterburg

Schloss Landsberg mit seinen Türmen und Zinnen erscheint vielen Besuchern als ein Märchenschloss. Dornröschen könnte hier wohnen. Einen weitaus verwuncheneren Ort gibt es nur wenige hundert Meter vom Schloss entfernt. Es ist die Ruine Habichtsburg, die über einen Waldweg zu erwandern ist. Die enge Schlucht muss für die Burg-Erbauer strategisch ideal gewesen sein. Angeblich wurde die Habichtsburg schon im Jahre 909 gegen die Überfälle der Ungarn errichtet.

Wer auf der Burg in frühen Jahren tatsächlich gewohnt hat, ist heute ungewiss. Die Quellenlage ist dünn. Im Jahre 1290 soll sie König Rudolf von Habsburg wegen Raubrittertums zerstört haben. Heute sind auf einem Felsenvorsprung nur noch Reste zu sehen. Ein paar Mauern. Das Fundament des Bergfrieds, dessen Außenwände im Fischgrät-Muster gemauert waren. Und ein Brunnen mit drei Metern Durchmesser.

Groß kann das Gemäuer, das im Frühjahr von Leberblümchen überwuchert wird, nicht gewesen sein. Experten wollen eine Anlage von bestenfalls 40 mal 70 Meter

Was?
Wie viel?
Wo?

Die Wanderung beginnt hinter der Auffahrt zum Schloss Landsberg. Der Weg zur Habichtsburg ist ausgeschildert und dauert etwa 30 Minuten.

Die Ruine liegt frei zugänglich im Wald.

Seitenlänge ermittelt haben. Inzwischen ist der Ort ein ideales Ziel für eine Wanderung mit Kindern. Allein der Name Habichtsburg klingt schon wie ein Mythos. Ein echtes Raubritternest, wo gibt es das noch? Der Weg ist eng, der Wald ist dunkel. So steil erheben sich die Berge, dass Vorfahren den Felsen auch Glaswand nannten.

Unweit von Schloss Landsberg befindet sich im Meininger Stadtwald die Ruine der Habichtsburg.
Foto: Sascha Willms

Im englischen Stil

Mitten in Meiningen erstreckt sich der zwölf Hektar große Englische Garten. Sanfte Hügel, weite Wiesen, Teiche, dazwischen scheinbar wahllos Brunnen, Stelen, Denkmale, Brücken. Schließlich steht auf einem kleinen Hügel die Gruftkapelle, in der früher die Mitglieder der Herzogsfamilie Sachsen-Meiningen zur letzten Ruhe gebettet wurden und inzwischen eine Ausstellung zur Geschichte des Bauwerkes gezeigt wird.

Der schönste Blick bietet sich von der vierreihig bepflanzten Lindenallee zum Eisteich hinunter. Dort stehen künstlich geschaffene Ruinen. Auf dem Teich eine Insel, gesäumt von Pyramidenpappeln. Nahebei steht das Theater, das gerade nach einer spektakulären Verschiebung der Rückfront um fünf Meter tiefer in den denkmalgeschützten Park hineingewachsen ist, um mehr Spielraum zu gewinnen. Jeden Sommer verlassen die Schauspieler die Bühne, zeigen ihre Kunst im Englischen Garten, nutzen dabei die Harmonie der Anlage, ihre gekonnten Blickschneisen zwischen den Bäumen und Büschen.

**Was?
Wie viel?
Wo?**

Im Englischen Garten gibt es unter anderem Denkmale für Johannes Brahms, Max Reger, Jean Paul, Ludwig Bechstein und Ernst Thälmann.

Über 750 Großbäume stehen in dem Garten.

Der Meininger Garten ist einer der ältesten inner-
städtischen Landschaftsparks nach englischem Muster in
Deutschland. Nach dem Vorbild des Wörlitzer Parks wurde
er 1782 angelegt und in Etappen erweitert und umgestaltet. Sanft geschwungene Kieswege durchziehen den recht-
eckig angelegten Park in alle Richtungen. Schatten spenden
über 200-jährige Bäume, darunter Blut- und Hängebuchen,
Eichen und eine seltene Einblatt-Esche.

Einen Ausflug
wert ist der
wunderschöne
Englische Garten
in Meiningen.
Foto: Frank
Buhlemann

Von der Halde zum echten Berg

Ausgerechnet eine frühere Kalihalde als einer der schönsten Plätze in Thüringen? Die Menteröderin Astrid Breternitz hört die Zweifler schon, bevor sie leise husten. Ihre Empfehlung, statt guter Worte: »Einfach mal die Halde zu Fuß besteigen. Man fühlt sich dann wie ein richtiger Bergsteiger.«

Immerhin ist die Halde mit 505 Metern der höchste Berg im Unstrut-Hainich-Kreis. Belohnt werden die Kraxler mit einem Blick auf den Brocken und den Kyffhäuser, der sich sonst weit und breit so nicht bietet.

Die Halde gilt unter Experten als ein besonders gelungenes Beispiel für die Renaturierung einer Kalihalde. Immerhin lagern hier 41 Millionen Tonnen Rückstände aus der Kaliproduktion. 20 Millionen Tonnen Boden und Abfälle werden aufgebracht und letztlich die Halde begrünt. Das Projekt wird begleitet von Universitäten, Fachhochschulen und der Bergakademie Freiberg.

Was?
Wie viel?
Wo?

Die frühere Kali-Halde und die Traditionsstätte des Bergbaus sind nur auf Anmeldung bei der Firma Menteroda-Recycling zu besichtigen. Telefon: (036029) 74 00.

Genügend Parkplätze sind in unmittelbarer Nähe vorhanden.

ZEISS PLANETARIUM JENA

In ferne Galaxien reisen, fremde Planeten kennenlernen und die
fantastische Welt des Universums mit all seinen atemberauben-
den Naturerscheinungen erkunden. Durch modernste Technik erleben die Besucher eine andere Welt für Auge und Ohr. Das alles
bietet ein Besuch in einem der ersten Großplanetarien der Welt.
Das Zeiss-Planetarium Jena öffnete bereits 1926 seine Pforten
und ist heute das dienstälteste Großraumprojektionsplanetarium
der Welt. Die Kuppel besteht aus rund 8.000 Eisenstäben und
misst 23 m im Durchmesser. Neben Bildungs- und Familienpro-
grammen hat das Planetarium auch Musikshows, Konzerte sowie
Live-Vorträge im Repertoire. So bietet das Zeiss-Planetarium Jena
eindrucksvolle Shows bei jedem Wetter und hat den schönsten
Sternenhimmel nach der Natur. Hier wird Astronomie erlebbar.

Am Planetarium 5, 07743 Jena
Kostenpflichtig
www.planetarium-jena.de

Foto: Andreas Weise, Thüringer Tourismus GmbH

English version on the back ›

ZEISS PLANETARIUM IN JENA

Travel to far-off galaxies, get to know distant planets and the fabulous expanses of the universe with all its breath-taking natural phenomena. State-of-the-art technology lets visitors experience a different world for their eyes and ears – in one of the largest planetariums in the world. The Zeiss Planetarium in Jena first opened its doors in 1926 and is today the longest-serving space projection planetarium in the world. The dome is made up of around 8,000 iron bars and has a diameter of 23 metres. Alongside educational and family programmes, the repertoire of the planetarium also includes music shows, concerts and live presentations. Zeiss-Planetarium in Jena thereby offers impressive entertainment whatever the weather and has one of the loveliest starry skies – apart from nature's own, of course. Astronomy comes to life here.

Am Planetarium 5, 07743 Jena
With costs
www.planetarium-jena.de

Nach gut 20 Jahren Bewirtschaftung sind Erfolge längst zu sehen: Hasen und Rehe fühlen sich hier wohl, Fasane, Mäuse, Greifvögel, Füchse und Wildschweine wurden bereits auf und am Berg gesichtet. Zur Rekultivierung gehört aber auch, dass das zuständige Unternehmen die Halde bewusst in die Öffentlichkeit rückt, um Vorbehalte abzubauen. Motocross-Rennen hat es bereits gegeben, jedes Jahr wird ein Haldenfest organisiert. Dazu lockt ein kleines Bergbaumuseum.

Auch ein altes Schwungrad erinnert an die Zeit, als in Menteroda noch Kali gefördert wurde. Foto: Daniel Volkmann

Wo die Freude wohnt

Nicht nur Experten sagen, Molsdorf besitze das schönste Rokokoschloss Thüringens. Schon das schmiedeeiserne Eingangstor ringt Bewunderung ab. Denn der eigentlich aus dem Bürgertum stammende Graf Gotter war nicht nur Diplomat, sondern wusste als Lebemann das Dasein zu genießen. »Vive la joie« – Es lebe die Freude – ließ er von bedeutenden Künstlern seiner Zeit in die Holztäfelung des Festsaals schreiben, und dies war auch sein Lebensmotto.

Das von Gotter 1734 erworbene Schlösschen war zwar einst als Wasserburg angelegt. Wasserläufe und Teiche erinnern bis heute daran. Doch durch seine Kontakte an die führenden Höfe seiner Zeit kannte Gotter allerlei Künstler, die es ihm in Molsdorf recht hübsch machten. Schon am Parkeingang erwarten Putten, Fabelwesen und Amphoren den Besucher. Weitere Figuren schmücken den Park.

Die wechselvolle Geschichte des Hauses hat Spuren hinterlassen. 1945 gingen alle beweglichen Gegenstände

Was?
Wie viel?
Wo?

Von April bis Oktober sind Schloss und Park dienstags bis sonntags von 10 bis 17 Uhr und von November bis März dienstags bis sonntags 10 bis 16 Uhr geöffnet.

Das Museum bietet stündlich Führungen durch das Obergeschoss an. Im Erdgeschoss befindet sich ein Restaurant.

verloren. Später bot das Schloss Flüchtlingen Unterkunft, danach war es Kinderheim. Mitte der 1960er Jahre besann man sich des kostbaren Schlosses und begann es zu restaurieren. Eine Grundsanierung täte auch heute not.

Bei den Führungen sind nicht nur der holzgetäfelte Festsaal, Gemälde und Einrichtung zu bewundern, sondern auch das 1910 eingebaute Marmorbad im Jugendstil.

Wer müde ist vom Schauen und Spazieren, dem bietet das Restaurant Gelegenheit zur Erfrischung. Man kann auf der Terrasse unter Sonnenschirmen sitzen und sich vorstellen, wie einst die feinen Damen hier ihren Tee nahmen.

Das Rokoko-schloss liegt nahe Erfurt.
Foto: Peter Riecke

Wandern wie die Rittersleut

Wehrhaft und trutzig ruht die Mühlburg in sich. Doch die Sorgen sind groß. In halb Deutschland stehen Burgen in Flammen – und es scheint nur eine Frage der Zeit, wann des Königs Soldaten auch diese Veste angreifen. Also lugen die Herren der Burg immer und immer wieder ins Land. »Aber friedlich lag die Landschaft«, erzählt Gustav Freytag. »Auch von dem Turm des vorderen Berges, der am weitesten die Ebene nach Erfurt überschaute, vermochten sie nichts zu erkennen.«

Es ist das Jahr 1003, in dem Gustav Freytag seinen Roman ansiedelt. Er überschreibt seine Geschichte mit »Das Nest der Zaunkönige«. Ein Jahrtausend später liefert das Buch eine treffliche Vorlage, die Landschaft zu erwandern. Es sind nicht allein Freytags Beschreibungen des hügeligen Drei-Gleichen-Gebietes, die faszinieren und sich mit eigenen Augen bewundern lassen. Mindestens ebenso fesselt die Geschichte von Rittern, einem König

Was? Wie viel? Wo?	Die Drei Gleichen liegen im Landkreis Gotha bzw. im Ilmkreis zu beiden Seiten der A 4. Zwischen Burg Gleichen und der Mühlburg befindet sich eine Autobahnabfahrt. Parkplätze gibt es in unmittelbarer Nähe.

Grafik: Andreas Wetzel

Auf der Mühlburg gibt es einen Imbiss, auf der Wachsenburg ein Restaurant. Im Umfeld der Burgen laden Gasthöfe ein.

und einer geraubten Jungfrau. Die Mär ist wie geschaffen, um sie vor allem mitwandernden Kindern zu erzählen.

Die Chancen stehen äußerst gut, dass die Jüngsten den Bericht mit großem Staunen verfolgen. Immerhin genießt der nach Gustav Freytag benannte Wanderweg den Vorzug, mit drei mittelalterlichen Burgen gespickt zu sein. Jede der Drei Gleichen steht Wanderern offen. Während die Burg Gleichen mit dem ausgeprägten Charme einer Ruine besticht, bietet die Mühlburg museale Angebote zu Naturthemen und Denkmalpflege. Die Wachsenburg beheimatet ein mittelalterlich eingerichtetes Museum.

Je nachdem, ob und wie lange man auf den Burgen verweilt, ist man zwei, drei Stunden oder einen halben Tag unterwegs. Der etwa acht Kilometer lange Weg ist jedenfalls idyllisch. Es geht durch alten Laubwald und vorbei an einem einstigen Steinbruch. Man wandert entlang eines Kamms und durch einen Wiesengrund. Wem ein solches Pensum noch nicht genügt, der kann es halten wie die alten Rittersleut. Bei Gustav Freytag reiten sie zwar mitunter. Aber sie laufen eben auch. Zum Beispiel von der Mühlburg bis Erfurt. Das sind gute 25 Kilometer.

Bereits mehrfach auf Burgenwanderung war Paul. Hier posiert er vor der Mühlburg. Foto: Mirko Krüger

Geschichte in Travertin

Imposant türmt sich an der Westseite des Untermarktes die Bachkirche Divi Blasii. Es scheint so, als ob sie über das, was auf der 10.000 Quadratmeter großen Fläche davor geschieht, wacht. Der Untermarkt wird sowohl für ein großzügiges Markttreiben als auch für Open-Air-Veranstaltungen genutzt. Hier fand unter anderem eine Nabucco-Aufführung vor 2.000 Besuchern statt.

Wer den Platz betritt, dem fallen die in Travertinplatten mit Edelstahl-Buchstaben eingelassenen Zeitbänder auf, die von 991 bis in die Gegenwart wichtige Geschichtsetappen der Stadt markieren. Dazu gehören auch die Abschnitte, in denen zwei berühmte Zeitgenossen ihre Spuren hinterlassen hatten: Johann August Röbling und Johann Sebastian Bach. Röbling, der Erbauer der Brooklyn Bridge, wurde 1806 in Mühlhausen geboren. Bach wiederum wirkte von 1707 bis 1708 in der Kirche Divi Blasii. Beiden wurden auf dem Untermarkt bronzene Denkmäler gesetzt.

Der Untermarkt gehört zur Mühlhäuser Altstadt und damit zum zweitgrößten Flächendenkmal Thüringens. Die Altstadt wird von einer 2,75 Kilometer langen, begehbaren Stadtmauer umschlossen.

Was?
Wie viel?
Wo?

Rund um den Untermarkt kann man in verschiedenen Gaststätten und Cafès einkehren.

Unweit des Platzes befindet sich die Kornmarktkirche mit einer Ausstellung über Reformation und Bauernkrieg.

Grafik: Andreas Wetzel

Zentrales Bauwerk
am Untermarkt
ist die Bachkirche.
Foto: Peter Riecke

Beim Deutschen Orden

In Nägelstedt starten Besucher nicht nur Ausflüge ins idyllische Unstruttal, sondern sie tauchen auch tief in die deutsche Geschichte ein. Denn mitten im Ort steht ein Denkmal von besonderem Wert. Im Jahr 1222 erwarb der Deutsche Orden eine Komturei, das jetzige Stiftsgut. Der geistliche Orden steht in der Nachfolge der Ritterorden aus der Zeit der Kreuzzüge.

Im 16. Jahrhundert entstand in der Ortsmitte zudem ein prächtiges Wohnhaus, der Schieferhof. Wann immer Fördermittel zur Verfügung stehen, wird das Ensemble restauriert. Die interessant verschachtelten Zimmer, die schon damals über eine zentrale Heißluftheizung erwärmt wurden, locken immer wieder Denkmalschützer und Bauhistoriker an. Momentan ist der Schieferhof zwar nur auf

Der Schieferhof wird für kulturelle Veranstaltungen genutzt.
Foto: Jens König

Thamsbrück
B84
B176
L1031
Nägelstedt
L2126
Bad Langensalza
L1042
Gräfentonna
B247
L2126
Eckardtsleben
Grafik: Andreas Wetzel

Das Gelände des Komturhofs ist frei zugänglich.

Spuren des Ordens finden sich auch im wenige Hundert Meter entfernt liegenden Stiftsgut und in der Stiftskirche, die derzeit saniert wird.

Was?
Wie viel?
Wo?

Der Komturhof kann derzeit nur zu Sonderveranstaltungen besichtigt werden.

Anfrage zu besichtigen. Die Nägelstedter nutzen das Areal aber rege, denn die im Hof stehende Scheune wurde zur Theaterscheune umgebaut und wird auch für Konzerte und Dorffeste geöffnet.

Perspektivisch könnte im Komturhof auch ein Museum entstehen, denn in Nägelstedt finden sich auf dem Stiftsgut und in der Stiftskirche weitere Spuren des Deutschen Ordens.

Dudelsack und Burgruine

Die Burg Hohnstein liegt nahe dem Luftkurort Neustadt. Sie fand im Jahr 1120 ihre erste urkundliche Erwähnung. Der Besuch der heutigen Ruine ist mit einem Spaziergang durch einen schönen Mischwald verbunden. Auf der Anhöhe werden die Wanderer von den weißgebleichten Steinen des historischen Torbogens begrüßt. Auf dem Terrain finden alljährlich Spiele des Rittertums und Landadels statt. Es musizieren Bänkelsänger und Stände mit mittelalterlichen Spezialitäten breiten sich aus.

Die Besucher genießen von der Burgruine einen Blick bis zum 60 Kilometer entfernten Brocken, dem höchsten Harz-Gipfel. Einen originellen Auftritt bekommen Wanderer auch im Burg-Restaurant geboten. Der Wirt Kai Prengel gehört zum Mittelalter-Verein und tritt häufig im Kostüm oder dudelsackspielend vors Publikum.

Was?
Wie viel?
Wo?

Besucher müssen ihre Pkw auf dem Platz am Waldbad abstellen und zu Fuß die Anhöhe erklimmen.

Der Luftkurort Neustadt ist sehr familienfreundlich. Es wird in keiner Einrichtung des Ortes Eintrittsgeld erhoben.

Burgwirt Kai Prengel
sorgt auf der Burg-
ruine Hohnstein
für das Ambiente.
Foto: Roland Obst

Idylle am Ufer
des Sees.
Foto: Katrin Müller

Auf dem Obstlehrpfad zum See

Wieso steht eigentlich als Ortsangabe zum Alperstedter See immer Nöda? Und wieso wird er als größter Erfurter See bezeichnet, wo er doch im Nachbarkreis Sömmerda liegt? Man kann die Antwort rein geografisch geben: Demnach liegt der größte Teil des Sees nun mal auf der Gemarkung der Gemeinde Nöda und nicht auf der von Alperstedt. Vor allem gehört der Alperstedter See zu einer regelrechten Kette von Seen, die sich vom Stadtrand Erfurts aus gen Norden erstrecken.

Radfahrer, Angler, Badegäste, Taucher, Wassersportler und Spaziergänger fühlen sich hierher gezogen. Längst ist der Kiessee kein Geheimtipp mehr. Und die Nödaer erhöhen in Zusammenarbeit mit der Arbeitsgemeinschaft Erfurter Seen, den Anrainern und den kiesabbauenden Betrieben kontinuierlich die Attraktivität am und um das klare Wasser. Von Nöda führt ein Obstlehrpfad zum See, eine ehemalige Aufschüttung wurde zum Aussichtpunkt, am Ufer entstanden Gartenparzellen. Zahlreiche Radwege führen zum und um den See.

Eine Tauch- und Surfschule bietet Tauchen, Schnorcheln und Windsurfen an.

Im Club »maritim« kann man segeln sowie Drachenboote fahren.

**Was?
Wie viel?
Wo?**

Eine Wassersportschule bietet Segeln an.

Wer schwindelfrei ist,
kann sich auf dem
Petersberg in luftige
Höhen begeben.
Foto: M. Wiethoff

Eine Brache wurde zur Attraktion

Die Landesgartenschau im Jahr 2004 war für Nordhausen ein nachhaltiger Gewinn. Der mitten in der 1945 zerbombten Stadt gelegene Petersberg wurde völlig umgestaltet. Dazu gehörte, dass die Brachfläche mit 20.000 Blumen und Gehölzen bepflanzt sowie mit Kunstwerken und Wasserspielen bestückt wurde. Seither gilt der zentral gelegene Petersberg als beliebter Anziehungspunkt – und das bei allen Generationen.

Hochseilgarten und Kletterfelsen locken ebenso hierher wie Spazierwege und wunderschöne Rabatten. Es gibt Freiflächen, Bühnen und offene Kirchen, die für Veranstaltungen genutzt werden. Bis zu 5.000 Besucher können sich hier bei Konzerten gleichzeitig vergnügen.

Der Petersberg bietet einen fantastischen Blick über die Stadt in Richtung Hainleite und Kyffhäusergebirge.

Der Petersberg öffnet von März bis Oktober 9 bis 21 Uhr, von November bis Februar 9 bis 18 Uhr.

Für Pkw gibt es ringsum reichlich Stellflächen.

Der Eintrittspreis von 20 Cent ist bei Betreten des Parks am Automaten zu entrichten.

Was?
Wie viel?
Wo?

Pfingstgesellschaft trifft sich zum Angertanz

Zu Pfingsten wird es unter den Linden und Kastanien des Angers in Oberdorla unterhaltsam. Die Rechnungsburschen und -mädchen treffen sich zum Angertanz, der seit Generationen gepflegt wird. Auf dem Areal würde nahezu das ganze Dorf Platz finden, denn mit rund 5.000 Quadratmetern gilt der Oberdorlaer Anger als größter Dorfanger in Thüringen.

Er beherbergt drei Denkmale. So den historischen Gerichtstisch, an dem einst sechs Mal im Jahr Gericht abgehalten wurde. Der Tisch befindet sich auf den alten Fundamenten der Nikolauskapelle. Neben dem Tisch steht das Gefallenendenkmal, das an die Opfer der napoleonischen Zeit und die im Deutsch-Französischen Krieg 1870/71 verstorbenen Soldaten aus Oberdorla erinnert. Ein weiteres Denkmal erinnert an den Gang der Einheimischen anno 1785/86 nach Wien, um dem Kaiser persönlich eine Bittschrift zur Regelung strittiger Gebietsansprüche zu übergeben. Es herrschte ein dreiherrschaftliches Durch-

Der Dorfanger ist jederzeit frei zugänglich.

Was?
Wie viel?
Wo?

Die restaurierte Probstmühle und das Heimatmuseum Oberdorla halten zu großen Festen und auf Anfrage ihre Pforten geöffnet.

einander, verbunden mit Angst und Armut auch in den Nachbarorten Langula und Niederdorla.

Heute ist davon nichts mehr zu spüren. Die Jugend der drei Orte feiert gemeinsam Kirmes.

Der Oberdorlaer Dorfanger als Idylle. Oft wird hier auch getanzt. Foto: Reiner Schmalzl

Klima wie in 2300 Metern Höhe

Das Klima ist extrem. Nur 4,2 Grad Celsius im Jahresdurchschnitt. Wie durch einen Trichter fegen kalte Winde durch das Lubenbachtal. Deshalb herrscht im nur ein Drittel so hoch gelegenen Rennsteiggarten ein Klima wie in 2.300 Metern Höhe. Der einmalige Garten hat deshalb auch nur zwischen April und November für Besucher geöffnet. Doch was sich grünend und blühend in diesen wenigen Monaten den Besuchern zeigt, ist durchaus spektakulär.

In dem alpinen Garten wachsen 4.150 verschiedene Arten. Die stammen aber nicht aus Omas gut gepflegtem Vorgarten. Sie wurden aus europäischen Gebirgen wie aus Höhenlagen Asiens, Nord- und Südamerikas, Neuseelands und aus arktischen Regionen auf den Kamm des Thüringer Waldes gebracht. Kontakte zu 220 botanischen Gärten

Geöffnet ist der sieben Hektar große Garten je nach Wetterlage von Mitte April bis Ende Oktober.

Was?
Wie viel?
Wo?

Parkplätze gibt es vor dem Garten für Busse und Pkw. Wer mit dem Zug anreist, kann ab dem Bahnhof Oberhof einen Bus zur Weiterfahrt nutzen.

Kinder bis zum 7. Lebensjahr haben freien Eintritt.

in aller Welt sichern den Nachschub von Pflanzen und seltenen Gehölzen.

Der Rennsteiggarten ist damit ein Schaufenster in die Hochgebirge der ganzen Welt. Die Weltreise kann auf dem Hauptweg ohne jede Stufe erlebt werden. Wer höher hinaus will, kann auf den 868 Meter hohen Pfanntalskopf im Garten steigen. Der arktische Rosenwurz lockt dort ebenso wie der stängellose Enzian oder die farbenfrohe Pantoffelblume Darwins.

Der Rennsteiggarten lockt mit einer in Thüringen einzigartigen Flora.
Foto: Frank Buhlemann

Forstamtsleiter Bernd
Wilhelm kümmert sich
seit 1980 um die Fichten.
Foto: Doreen Zander

50 alte Damen

»Im dichten Fichtendickicht nicken dicke Fichten tüchtig«, heißt es in einem bekannten Zungenbrecher. Zu erleben ist dieses Naturschauspiel auf dem Schlossberg bei Oberhof in besonderer Weise. Denn hier stehen die ältesten Fichten der neuen Bundesländer. Bis zu 300 Jahre alt sind die 50 letzten Schlossberg-Fichten. Sie alle stehen unter Naturschutz.

»50 alte Damen«, nennt Bernd Wilhelm, Forstamtsleiter in Oberhof, die Bäume, die er seit den 1980er Jahren pflegt, nachzieht und in einem abgezäunten Gebiet wieder auspflanzt, um mit ihnen den Schlossberg wieder aufzuforsten.

Forstwirtschaft wird hier erst seit Mitte des 18. Jahrhunderts betrieben. Damals wurden auch die ersten Fichten für die Holzgewinnung gepflanzt. Ihre Ururenkel werden nun vom Forstamt und der Schutzgemeinschaft Deutscher Wald gepflanzt, um die Sturmschäden von »Kyrill« 2007 zu beheben. Auf dem Schlossberg treffen sich somit alte und neue Generationen, die schon viele Menschenalter überdauert haben.

Schlossberg heißt das Gebiet, weil hier einst ein Schloss stand, das im Dreißigjährigen Krieg zerstört wurde.

Am besten startet man vom Parkplatz am Panorama-Hotel. Wanderwege in das kleine Waldgebiet sind ausgeschildert.

Was?
Wie viel?
Wo?

Hier ist allein der Weg das Ziel

Sie sind zwar bald 100 Jahre alt. Doch was die Pünktlichkeit betrifft, da fahren die historischen Wagen der Oberweißbacher Bergbahn den modernen ICE-Zügen weit voraus. Verspätungen sind auf dieser Strecke seit 1922 ein Fremdwort. Doch auf die Uhr sehen müssen Touristen hier ohnehin nicht. Wer mit der Bergbahn reisen möchte, kann sich auf einen überraschend dicht getakteten Fahrplan freuen. Alle halbe Stunde setzen sich sowohl im Tal als auch auf dem Berg die Wagen in Bewegung.

Wer einen der Züge verpasst, muss normalerweise keine Langeweile fürchten. Die 30 Minuten bis zur nächsten Abfahrt vergehen schnell. Ausgestellte Eisenbahntechnik will bestaunt sein. Auf Kinder wartet ein Spielplatz. Und dann gibt es da noch die Bahner, die sich recht gern auf einen Plausch einlassen. Zu erzählen gibt es eine Menge. Zum Beispiel, dass die auf Schienen rollende Bahn in Wirklichkeit

Was? Wie viel? Wo?

Die Bergbahn besteht aus zwei Teilstrecken. Ab Obstfelderschmiede verkehrt die eigentliche Bergbahn. Zwischen Lichtenhain und Cursdorf gibt es eine Flachstrecke.

Im Tal verkehrt außerdem die Schwarztalbahn. Auch auf ihr gilt das Bergbahn-Tagesticket.

Kinder bis fünf Jahre fahren kostenlos mit.

Grafik: Andreas Wetzel

eine Seilbahn ist. Oder dass niemandem bange sein muss, dass die zeitgleich berg- wie talwärts fahrenden Züge kollidieren. Um das auszuschließen, verzweigt sich das Gleis.

Die Bahn benötigt für die 1,4 Kiometer lange Strecke immerhin 18 Minuten. Das gilt bergauf – und es gilt ebenso bergab. Zum Vergleich: Fußgänger sind zumindest auf geraden Wegen schneller unterwegs.

Auf der Bergbahn, dies ist denn auch die erste Erfahrung, schaltet man einen Gang herunter aus dem hektischen Alltag. Man nimmt sich Zeit, 18 Minuten lang das Schiefergebirge zu bewundern und das malerische Tal der Schwarza. Oder man blickt wie gefesselt der Bergstation entgegen, die während der Fahrt von Pünktchengröße zu einem imposanten Fachwerkbau heranwächst.

Noch dazu sind die Ortsnamen ein Traum. In Obstfelderschmiede steigt man in die Bergbahn und in Lichtenhain um. Weiter geht es nach Oberweißbach und Cursdorf – und von da wieder zurück. Von jeder Station aus kann man in den Thüringer Wald aufbrechen. Aber eigentlich muss man nicht aussteigen. Wer allein wegen der Bergbahn kommt, kann dies ausleben. Das Tagesticket erlaubt bis zu 28 Fahrten.

Auf halber Strecke gleiten die tal- und die bergwärts fahrenden Wagen aneinander vorbei. Foto: Mirko Krüger

Geschichte im Hofpflaster

Vom hässlichen Entlein zum bezaubernden Schwan – vielleicht ist der Vergleich ein wenig zu plakativ. Aber er stimmt. Nichts ist dank einer komplexen Restaurierung mehr übrig geblieben von der Tristesse und dem Gebröckel, mit dem Schloss Ehrenstein bis vor zwei Jahrzehnten Besucher mehr verschreckte als anzog.

Noch bis zum Jahr 2010 allerdings wurde im Hof gebuddelt. Was die Bodendenkmalpfleger entdeckten, ist durchaus spektakulär: teils fast vollständig erhaltene Skelette von Chorherren, die einst hier das Sagen hatten. Beerdigt wurden sie – auf Grund ihres Wohlstands wohl für die Ewigkeit – in Steinkisten, die die Jahrhunderte überdauerten. Ein ganzer Friedhof befindet sich im Boden des Schlosshofes.

Auch Grundmauern längst verschwundener Gebäude sind sichtbar geworden – etwa die der einstigen Stiftskirche »Sankt Petri« aus dem 12. und 13. Jahrhundert. Was His-

Was?
Wie viel?
Wo?

Schloss Ehrenstein Ohrdruf ist geöffnet dienstags bis freitags und sonntags 10 bis 12 und 13 bis 16 Uhr sowie samstags 10 bis 12 und 13 bis 18 Uhr.

Ausstellungen gibt es unter anderem zu Johann Sebastian Bach und zur Ohrdrufer Bachfamilie sowie zur Geschichte des Truppen-Übungsplatzes Ohrdruf.

toriker bis dahin mehr ahnten als wussten, konnte nun für die Nachwelt beweisträchtig dokumentiert werden.

Als alle Gräber pietätvoll wieder verschlossen und alle Mauerreste akribisch vermessen waren, ging es ans Umsetzen eines genialen Konzepts zur Neugestaltung des Hofpflasters. Staunend kann der Betrachter sich jetzt anhand verschiedenfarbiger Steine selbst ein Bild machen, wo genau früher die Kirchenmauern standen. Anschauliche Informationstafeln erleichtern das noch.

Schloss Ehrenstein in Ohrdruf konnte vor dem Verfall gerettet werden.
Foto: Peter Riecke

Das Mittelalter lebt

Vom Rittergut Positz aus werden Augen und Seele mit einem weiten Blick über das Holzland, die Orlasenke sowie die angrenzenden Tafelberge belohnt. Mit Eintritt durchs Gutstor eröffnet sich ein Areal, das in mittelalterliche Zeiten entführt. Vor gut 1.000 Jahren gab es ein langes Hin und Her zwischen den Grafen von Groitzsch, denen von Orlamünde und den Herren von Arnshaugk, bis das Rittergut schließlich an den Burgvogt Moritz von Brandenstein ging. Von da an blieb das Anwesen über sechs Jahrhunderte in Familienbesitz.

Was heute das Wirtshaus ist, wurde Mitte des 16. Jahrhunderts vom spartanischen Gesindehaus zum ansehnlichen zweigeschossigen Renaissance-Wohnhaus umgebaut. Mehr als 100 Jahre darauf entstand zudem ein barockes Herrenhaus.

Der geschlossene Vierseithof zeigt sich wieder in bestem Zustand. Foto: Andrea Fricke

STEPMAP⊕

Rittergut Positz

Schweinitz

Kolba

Köstitz

Oppurg

Pößneck

Nimritz

Döbritz

123map/StepMap-Open Street Map Contributors Lizenz CC-BY-SA 2.0

Über das ganze Jahr gibt es kulturelle Veranstaltungen im Hof oder in den Sälen, zum Beispiel Rittergelage oder Konzerte.

Die nahe gelegenen Wälder sind über Wanderwege gut zu erreichen.

Was?
Wie viel?
Wo?

Im Jahr 1945 wurde der gesamte Hof Volkseigentum. Bis zur Wende geriet das Rittergut Positz beinahe in Vergessenheit, ehe es 1992 zum Denkmal erklärt wurde. Mittlerweile hat sich das sanierte Rittergut als Ort für mittelalterliche Spektakel oder gediegene Hochzeiten etabliert. Mehrmals im Jahr gibt es hier Gelage, bei denen geschmaust wird wie zu Ritterzeiten. Auch genächtigt wird hier wie früher – etwa in der Knappenkammer. Ein mitgebrachter Schlafsack empfiehlt sich für eine geruhsame Nacht. Wer es gemütlicher mag: Es gibt auch Gemächer mit Himmelbetten.

Ein Schwimmbad unter Denkmalschutz

Einfach mal abtauchen im Waldbad. Foto: Alexander Volkmann

Ach, so schön war das: Die Damen und Herren in züchtig-sportlichen Badekostümen. Im Pavillon sorgte die Kurkapelle für angemessene Unterhaltung. In der Wandelhalle wandelte man eben oder ruhte auf Liegen, um mit der guten waldnahen Luft die Lungen zu kräftigen. Das

1925 eröffnete Waldschwimmbad Rastenberg war ein gut gehender Badebetrieb. Damals, als Kur- und Badegäste auch mit Bussen oder mit der Kleinbahn anreisten. Als zu DDR-Zeiten neben FDGB-Urlaubern und Kurgästen auch noch wasserhungrige Kinder aus drei Ferienlagern das 25.000 Quadratmeter große Bad-Areal bevölkerten. Diese schönen Hoch-Zeiten sind für das Bad wohl vorbei …

Steffen Hädrich, Vorsitzender des im Mai 2002 gegründeten Vereins Rastenberger Waldschwimmbad, schaut da doch etwas irritiert und setzt dagegen: »Unser Ziel ist es, das schönste Bad in Thüringen zu werden!«

Umgeben von Wald, liegt das Rastenberger Bad idyllisch im Tal. Mit seinen historischen Bauten wie der Wandelhalle, den Kabinen und dem Kassenhäuschen wurde das Schwimmbad im Jahr 2004 unter Denkmalschutz gestellt.

Organisiert werden von dem Verein jede Saison Veranstaltungen wie das Badewannenrennen und der Aqua-Run, der Schwimmen im Bad und Laufen im Wald als sportlichen Wettkampf verbindet. Aber auch Konzerte finden regelmäßig statt. Und dann lockt da noch das Kabinenguckmuseum, bei dem man viel über die Geschichte der Badekultur lernen kann.

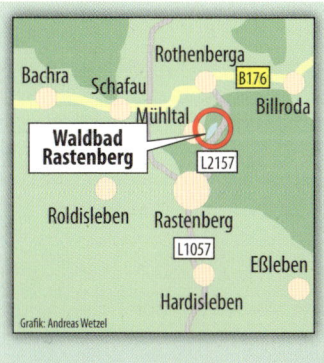

Geöffnet ist nur in der warmen Jahreszeit – außerhalb der Ferien wochentags von 12 bis 19 Uhr und am Wochenende von 10 bis 19 Uhr, in den Ferien von 10 bis 19 Uhr.

Für die Jüngeren stehen ein Spielplatz und eine große Wasserrutsche, für Sportler ein Volleyballplatz zur Verfügung.

Was?
Wie viel?
Wo?

Das Wasser wird vorgewärmt ins Becken geleitet.

Mit Hölderlin durch Buchenwälder

Es sind Übergangszeiten wie Frühling und Herbst, die den wirklichen Charme der Gleichberge offenbaren. Im Süden, wo das Grabfeld die Region mit Franken verbindet, stehen die Doppelkegel erloschener Vulkane. Während im Frühling die Matten blühender Märzenbecher die Berge zu einem unvergleichlichen Ausflug empfehlen, sind es im Herbst die roten Buchenwälder.

Von der Spitze des Kleinen Gleichbergs in 641 Meter Höhe gewährt der Rundblick eine Aussicht auf etwa 100 Dörfer, 90 Berggipfel und elf Burgen – oder deren Reste.

Der 1995 verstorbene Lyriker Walter Werner ließ diesen poetischen Ort von Friedrich Hölderlins Freiheitsgedanken bewachen. »Aus Wolken wieder Wolken machen, denen wir entsteigen, die auf uns fallen«, schrieb er 1974.

Was?
Wie viel?
Wo?

Am Fuße der Gleichberge befindet sich das Steinsburgmuseum. Es gewährt Einblicke in das kulturelle Leben von der Steinzeit bis zum Mittelalter.

In Römhild kann man durch die hübsche Altstadt bummeln, traditionelle Töpfer-Betriebe und das sehenswerte Keramik-Museum sowie das Schloss Glücksburg besuchen.

Hölderlin selbst weilte nach Weihnachten 1793 ein paar Wochen am Fuß der Höhen. Im August 1794 bestieg er die Gleichberge und notierte tags darauf, wie bezaubernd der Blick nach Süden sei, wo er am Horizont sein liebes Schwaben wähnte. »So studiert ich am liebsten die Geographie der beiden Halbkugeln, wenn es sein müsst.« Die Aussicht erhebt tatsächlich das Herz. Und informative Erbauung verschafft ein Besuch des Steinsburgmuseums am Fuße der Gleichberge.

Die Gleichberge gewähren einen Ausblick auf 100 Dörfer und 90 Gipfel. Foto: Holger Wetzel

Die vielleicht schönste Schule

Eine Schule als Ausflugsziel? Unbedingt. Zumindest, wenn sie so schön und so schön gelegen ist wie die Klosterschule in Roßleben. 1140 gründete Graf Ludwig von Wippra am Ufer der Unstrut hier ein Augustinerkloster, das sich wenig später sogar mit einem Schutzbrief von Kaiser Barbarossa schmücken durfte.

Mit der Reformation kam dann der Umschwung. 1554 stiftete Heinrich von Witzleben – angeblich der erste Thüringer Ritter, der den evangelischen Glauben annahm – die Schule. Im Laufe der Jahrhunderte wurden hier mal mehr, mal weniger Schüler ausgebildet, wurde hier und da an- und umgebaut. So entstand ein einmalig schönes Gebäudeensemble mit einem großen Park, einem Bootshaus und einer eigenen Kapelle, in der sogar geheiratet werden kann.

Ein Ort der Ruhe, der dennoch von quirligem Leben erfüllt ist, denn heute befindet sich hier eine Schule in Freier Trägerschaft.

Was?
Wie viel?
Wo?

Sehenswert auf dem Gelände sind neben dem Schulgebäude mit seinem lichtdurchfluteten Innenhof auch die Erb-Administratur und die Klosterkirche.

Besucher sollten darauf achten, den Schulbetrieb nicht zu stören.

Schon allein der Innenhof der Klosterschule mit der Kapelle ist einen Besuch wert.
Foto: Marco Kneise

Im Keller des Kaisers

Dass der große deutsche Kaiser Barbarossa beim Sprung in den eiskalten Fluss Saleph einem gänzlich unheroischen Herzinfarkt erlegen sein soll, mögen die Historiker beweisen, wie sie wollen. Für jeden Thüringer ist klar: Der Kaiser ruht in den Tiefen des Kyffhäuser-Gebirges. So berichtet es die Sage.

Wo genau allerdings seine Residenz ist, war lange unklar. Bis zu jenem denkwürdigen Tag im Jahre 1860, als einige wackere Bergleute damit begannen, auf der Suche nach Kupfer bei Rottleben einen Stollen ins Gestein zu treiben. Kupfer fanden sie keines, dafür machten sie fünf Jahre später eine Entdeckung, die Rottleben nachhaltiger verändern sollte als eine Erzader: Sie stießen auf die einzige Anhydrithöhle Europas.

Auf einer Gesamtfläche von 13.000 Quadratmetern erblickten sie einzigartige, bizarre Gesteinsformationen, hohe, kuppelartige Gewölbe. Keine Frage: Hier musste sich der alte Kaiser versteckt gehalten haben. Und so wurde die Neuentdeckung folgerichtig »Barbarossahöhle« getauft. Bereits ein Jahr später wurden die ersten Besuchergruppen hindurch geführt.

Was?
Wie viel?
Wo?

Geöffnet ist dienstags bis sonntags von 10 bis 17, im Winter nur bis 16 Uhr.

Da in der Höhle ganzjährig nur Temperaturen um die neun Grad herrschen, ist es dringend angeraten, sich eine warme Jacke mitzubringen.

Grafik: Stefanie Lins

Bis heute wurde immer wieder am Programm, der Beleuchtung und technischen Ausstattung gefeilt. Was aber bleibt, ist die Faszination. Für die kristallklaren, blaugrünen Seen, die aufgrund der Lichtbrechung viel flacher aussehen, als sie tatsächlich sind. Für die bis zu einen Meter langen Gipslappen, die von der Decke hängen, die Kristallkammer, deren Decke über und über mit kleinen Gipskristallen übersät ist. Für die weißen Alabasteraugen, die immer wieder im Gestein zu sehen sind.

Auf eigene Faust erkunden kann man die knapp 700 Meter lange Höhle aus sicherheitstechnischen Gründen nicht – man würde aber auch einiges verpassen, wenn man sich die launigen, rund eine Stunde dauernden Führungen entgehen lassen würde. Immer wieder locken besondere Veranstaltungen. Seien es die Aufführungen des Höhlentheaters, die alljährlich stattfinden, oder die traditionelle Halloween-Feier, bei der zahllose kleine Monster und Hexen durch die Höhle toben. Was der alte Kaiser dazu sagt, dass so viel Trubel an seinem Rückzugspunkt herrscht, ist indes nicht bekannt. Sein Tisch und sein Stuhl, durch eine Laune der Natur aus Gips geformt, blieben leer, seit die Höhle entdeckt wurde.

Geschickte Akzente werden bei der Beleuchtung der Barbarossahöhle gesetzt.
Foto: Wilhelm Slodczyk

Als Riese zwischen Türmen und Schlössern

Seit 1781 ragt unweit von Sondershausen der Possenturm über die Wipfel der Hainleite. Wer vom hohen Norden Thüringens in den Süden möchte, sagen wir, ins Waffenmuseum nach Suhl, der muss 120 Kilometer mit dem Auto fahren.

Oder er geht ein paar gemütliche Schritte, zu Fuß, ohne Eile. Im Modellpark »mini-a-thür« sind viele Thüringer Sehenswürdigkeiten aufgereiht. In unzähligen Arbeitsstunden haben Männer und Frauen die Modelle im Maßstab 1 : 25 nachgebaut – mit einer Detailverliebtheit, die staunen macht.

Es sind inzwischen mehr als hundert Modelle: das Gartenhaus, in dem Geheimrat Goethe in Weimar grübelte; das Bauernkriegspanorama auf dem Schlachtberg bei Bad Frankenhausen; die Dornburger Schlösser; die Skisprungschanzen aus dem Kanzlersgrund in Oberhof.

**Was?
Wie viel?
Wo?**

Die Öffnungszeiten können sich von Jahr zu Jahr verschieben, üblich ist von Ende März bis in den Oktober – jeweils von 10 bis 17 Uhr. Eine Verlängerung der Saison ist möglich.

Der nahe Rennsteig ist über einen Waldweg direkt zu erreichen.

Eingebettet ist der Park in ein schmales Tal, ringsum rauscht der Wald, zwischen Teichen gurgelt klares Bergbachwasser.

Menschen wirken wie Riesen, wenn sie sich bücken müssen, um zwischen die Zinnen einer Burg zu blicken.

Zehntausende zieht es jedes Jahr hierher. Wer es von ihnen rasanter mag, der kann auf einer wirklich schnellen Sommerrodelbahn den Berg hinab sausen.

Das Popperöder Brunnenhaus steht eigentlich in Mühlhausen – und als Miniatur in Ruhla. Ricarda John-Volkmann ist entzückt. Foto: Alexander Volkmann

Berge mit Meerblick

Es gibt Kommunalpolitiker, die überlegen bereits, fusionierte Landkreise nach ihm zu benennen, nach dem Thüringer Meer. Malerisch, faszinierend, einzigartig, mit diesen Attributen wird beschrieben, wie sich hier Saale-Wasser und bewaldete Schieferberge verbinden. Ein bisschen geheimnisvoll sind die Hohenwarte- und Bleiloch-Talsperren auf jeden Fall, denn selbst die Thüringer Meerjungfrau, die vom Förderverein für die touristische Entwicklung gewählt wird, weiß nicht genau, was in Wassertiefen von über 60 Metern vor sich geht.

Überall bieten sich reizvolle Blicke am Thüringer Meer – wie hier am Hohenwarte-Stausee. Foto: Marco Kneise

Bei großer Trockenheit und niedrigem Wasserstand gibt das Thüringer Meer etwas frei von diesen Geheimnissen: Reste von gefluteten Ortschaften, die beim Bau der beiden Stauseen in den 1930er und 1940er Jahren versanken. Längst ist an den Ufern dieser reinen Zweckbauten zur Energiegewinnung und zum Hochwasserschutz ein Tourismusgebiet gewachsen, das mit über 70 Kilometern Länge als größtes zusammenhängendes Stauseegebiet in Europa werben kann.

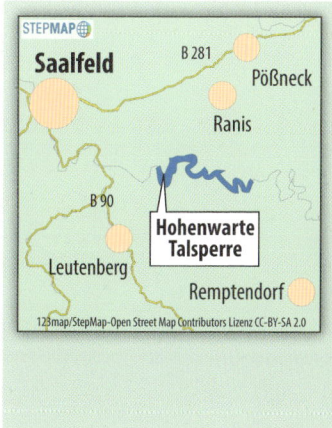

Einzigartig in Thüringen ist die Mühlenfähre, eine Autofähre, die während der Hauptsaison verkehrt. Von Ostern bis in den Herbst hinein setzt der Fährmann zwischen Linkenmühle und Altenroth auf Zuruf über. Ein Verein möchte an dieser Stelle eine 1945 gesprengte Brücke wiedererrichten, damit beide Ufer auch im Winter verbunden sind.

Was?
Wie viel?
Wo?

   Hier ist ein Netzwerk touristischer Anbieter gewachsen, das kaum Urlauberwünsche offen lässt. Museen wie Schloss Burgk, das für Wasserkraft in Ziegenrück und das zur Volkskunde in Reitzengeschwenda befriedigen den Wissensdurst, Sommerrodelbahn und Kletterwald in Saalburg, Tauchschulen, Segel- und andere Wassersportvereine die Abenteuerlust, Ausflugsdampfer die Kreuzfahrtsehnsucht, mehrere gut markierte Wanderwege den Bewegungsdrang. Und der Märchenwald in Saalburg lässt nicht nur Kinder wieder an die Thüringer Meerjungfrau glauben.

Am Siebleber Teich lässt
sich herrlich entspannen.
Foto: Thomas Ritter

ALTENSTEIN PALACE AND PARK

A few kilometres outside Bad Liebenstein sits Altenstein Castle, surrounded by a picturesque landscaped park including views of the Werratal valley. The now spacious park dates back to the time of George I of Saxe-Meiningen (1771–1803). The duke made Altenstein his summer residence and began developing there a landscape garden, laying the foundations of one of the greatest historic parks in Thuringia. In 1853 Georg Brückner, an expert on Thuringia, wrote of the "Edelstein der Thüringer Waldnatur" ("Jewel of the Thuringian Nature Forest". No wonder that celebrated landscape architects such as Prince Hermann of Pückler-Muskau and Peter Joseph Lenné contributed inspiring ideas for the design of the park. With its viewpoints and exceptional park architecture such as the morning plateau, the knights' chapel or the Chinese cottage, this spacious park is a wonderful place to visit. The Altenstein carpet bed and the knot garden are found around the palace.

Altenstein 10, 36448 Bad Liebenstein
Free of charge
www.schloss-altenstein.de

Photo: Florian Trykowski, Thüringer Schlösser und Gärten, TTG   Deutsche Version auf der Rückseite ›

SCHLOSS UND PARK ALTENSTEIN

Wenige Kilometer von Bad Liebenstein entfernt befindet sich
Schloss Altenstein, das von einem malerischen Landschaftspark
– inklusive Aussicht ins Werratal – umgeben ist. Die Anfänge des
heute weitläufigen Parks gehen auf Georg I. von Sachsen-Meiningen zurück (1771–1803). Der Herzog machte Altenstein zu seiner
Sommerresidenz und begann mit dem Aufbau eines Landschafts-
gartens. Damit legte er den Grundstein für eine der größten historischen Parkanlagen Thüringens. 1853 schrieb der Landeskundler
Georg Brückner vom „Edelstein der Thüringer Waldnatur". Kein
Wunder, berühmte Landschaftsarchitekten wie Fürst Hermann von
Pückler-Muskau und Peter Joseph Lenné hatten wichtige Ideen
zur Gestaltung der Parkanlage beigesteuert. Der weitläufige Park
lockt mit Aussichtpunkten und besonderen Parkarchitekturen wie
dem Morgenplateau, der Ritterkapelle oder dem Chinesischen
Häuschen. Rund um das Schloss finden sich das Altensteiner
Teppichbeet und das Knotenbeet.

Altenstein 10, 36448 Bad Liebenstein
Kostenfrei
www.schloss-altenstein.de

Foto: Florian Trykowski, Thüringer Schlösser und Gärten, TTG

English version on the back ›

Still ruht der See

Mit dem Auto kommt man nicht hin – und das ist auch gut so. Denn sonst wäre es schnell vorbei mit der Ruhe am Siebleber Teich. Wer ihn aufsuchen möchte, muss sich Zeit nehmen und zu Fuß gehen.

Schon immer ist der Teich eine Mischung aus gezähmter und wilder Natur. Vor fast 300 Jahren wurde er auf der Stelle eines eiszeitlichen Sees künstlich angelegt, um Fische für den Gothaer Herzogshof zu züchten. Viel ist daraus nicht geworden, weil der Teich mit Schilf zuwucherte und verlandete.

Genau dieses Problem besteht bis heute. Nur ein kleiner Teil der Wasserfläche ist erhalten geblieben, alles andere wird dominiert von Pflanzen, Büschen, Bäumen – die wiederum Lebensraum für Blesshühner, Teichrallen, Enten und andere Tiere sind.

Seit Jahrzehnten ist der Teich Naherholungsgebiet. Eine Tafel erinnert an den Naturforscher Hermann Löns (1866–1914) und seinen Vers: »Lass Deine Augen offen sein, geschlossen Deinen Mund und wandle still, so werden Dir geheime Dinge kund.«

Grafik: Andreas Wetzel

Der Siebleber Teich ist ein Naturschutzgebiet mit einer Größe von etwa 28 Hektar.

Er ist frei zugänglich.

Was?
Wie viel?
Wo?

Wo sich das Volk gern tummelt

Ein Garten wird nie fertig – und ein Park auch nicht. Die Geschichte des Stadtparks geht zurück in das Jahr 1902 und damit in eine Zeit, in der sich die Firma Rheinmetall anschickte, die Produktion, die fast zum Erliegen gekommen war, mit neuen Aufträgen und Arbeitsplätzen anzukurbeln. Die Stadtväter erkannten diese Chance und wurden launig. Ein Park soll her, das Städtchen geputzt werden.

An der Unstrut, nur wenige Gehminuten vom Marktplatz, kauft die Stadt einen Pfarrgarten und Privatland. Als geeigneter Partner wird Otto Linne ausgewählt, der in Erfurt Stadtgartendirektor ist und bereits einen Namen unter den Verfechtern der aufkeimenden Volkspark-Idee hat. Er bringt Erfahrungen aus Dresden und England mit, ist in Erfurt sehr aktiv und wird auch noch später beispielhafte Parkanlagen in Essen und Hamburg schaffen.

Seine Anregungen reichen von Spiel- und Tummelgelegenheiten für die Jugend über Alte-Leute-Gärten mit bunten Blumen bis hin zu Sportanlagen, Sonnenbädern und

Der Stadtpark ist rund sieben Hektar groß und steht unter Denkmalschutz.

Was?
Wie viel?
Wo?

Die Anlage ist ganzjährig öffentlich zugänglich.

Den Park umfließen Unstrut und Mühlgraben.

Grafik: Stefanie Schneider

Trinkbrunnen. In den Park führt eine überdachte Holzbrücke mit grünen, butterblumigen Dachreitern aus der örtlichen Ziegelei.

Wie vor 100 Jahren spazieren die Damen Ilona und Anett im Park.
Foto: Ina Renke

Unterirdische Rekorde

Gefroren haben die jungen Damen trotz ihrer spärlichen Kostüme an diesem Novembertag wohl nicht. Denn in 670 Metern Tiefe herrschen Sommer wie Winter 23 Grad. Eine Prinzengarde hatte an diesem 11.11. um 11 Uhr 11 die Eröffnung der Faschingssaison ins Erlebnisbergwerk verlegt. Was den Verein schnurstracks ins Guinnessbuch der Rekorde katapultierte.

Irgendwie ist in diesem ehemaligen Kaliwerk alles rekordverdächtig oder zumindest außergewöhnlich. Da sieht man in der Frühe in Arbeitszeug gekleidete Männer in den Berg einfahren. 300.000 Tonnen Steinsalz fördern sie pro Jahr zutage. Noch am selben Tag drängen sich Herren in feinem Zwirn und hübsche Damen in den selben Förderkorb. Die wollen dann entweder ein Konzert hören, eine Feier besuchen oder heiraten. Auf die Männer in Arbeitskluft treffen sie nicht. Die bohren und sprengen – schon aus Sicherheitsgründen – in entlegenen Grubenfeldern.

**Was?
Wie viel?
Wo?**

Dienstags bis freitags werden zwei Grubenfahrten angeboten, um 11 Uhr und um 14 Uhr. Samstags jeweils um 10 Uhr und 14 Uhr und sonntags um 11 Uhr – nur nach Voranmeldung.

Der Schacht ist 700 Meter tief, die Grube bis 1.000.

Die Konzertsäle fassen 60 sowie 400 Gäste.

Grafik: Andreas Wetzel

Andere Besucher hocken auf einem Lastwagen und werden durch die Stollen gefahren. Dabei begegnen sie schon einmal einem riesigen Schaufellader. Die ausgemusterten Geräte stehen in mehreren überdimensionalen Hallen zur Besichtigung.

Doch es gibt auch Spaß. Auf einer 50 Meter langen Rutsche kann man von einer Sohle zur tiefer gelegenen hinabstürzen. Oder man gleitet ruhig in Kähnen über einen unterirdischen See.

Die Bedingungen für vom Wetter unabhängige Ausflüge sind ideal: Es regnet nie.

Ein Irish-Folk-Konzert im Salzsaal. Foto: Peter Riecke

Spaziergang in neun Metern Höhe

Stricke, Seile, schwankende Bretter: Vom Boden aus betrachtet wirkt der Klettergarten auf dem Possen harmlos. Steht man erst einmal oben auf der Plattform, ändert sich das Gefühl schnell. Die Welt wird klein, obwohl man sich nur sechs Meter über der Erde befindet.

Philipp Jahn hängt den Sicherheitsgurt ein. Der erste Schritt lässt mich ins Leere tapsen. Das grüne Netz gibt nach unter meinem Gewicht. Ich laufe weiter. Wer will schon am ersten Hindernis umkehren? Der Sicherheitsgurt surrt über dem Stahlseil hinter mir her.

Philipp Jahn folgt mir. Der Sohn des Possenbetreibers ist einer der Instrukteure im Kletterwald. Sie erläutern den Besuchern die Sicherheitsvorkehrungen, legen Gurt und Helm an, erklären die Elemente, und im Notfall retten sie Gäste aus luftiger Höhe.

Drei Etagen hat der Kletterparcours. Kleine Kinder können in einem Meter Höhe über Fliegenpilze flitzen. Sechs Meter über dem Boden laufen die Besucher über

Der Possen ist eines der beliebtesten Ausflugsziele in Nordthüringen.

Was?
Wie viel? Jedes Jahr kommen bis zu 150.000 Menschen.
Wo?

Der Kletterwald ist die jüngste Attraktion auf dem Berg. Er öffnet montags bis sonntags von 10 bis 20 Uhr.

Wippen, klettern durch Ringe und sausen auf einem Skateboard durch die Luft.

Mit der Höhe wächst der Schwierigkeitsgrad. Neun Meter über der Erde hangeln sich die Mutigen von Schlaufe zu Schlaufe, die an Tauen hängen, und sausen auf der Seilbahn zum Känguru-Gehege hinab. »Du machst das gut«, ruft Philipp Jahn. Ich zweifle. Meine Arme scheinen zu kurz. Der nächste Holzbalken ist Meter entfernt. Ich wackle auf dem Drahtseil, auf dem ich stehe, hin und her. Ich greife zum Seil über mir und taste mich vorsichtig weiter bis zum Holzbalken. Umklammere ihn ein wenig fester als üblich. Ich strecke die Hand wieder aus und fühle das Holz an den Fingerspitzen. Von hinten der Tipp: »Spring.« Ich überhöre den Vorschlag. Ich vertraue lieber meiner Methode des langsamen Herüberhangelns. Wer springt schon in die Luft und ist dabei nur mit einem Seil gesichert?

Beim Klettern ist es ratsam, einen Helm zu tragen – wie hier unsere Autorin Andrea Hellmann. Foto: Nico Kiesel

Eine Kutsche aus Gold

Irgendwie scheint es zu groß für die Stadt. Oder aber es ist Sondershausen zu klein für sein imposantes Schloss. Auf jeden Fall aber sind die Einheimischen stolz auf die Residenz der einstigen Fürsten zu Schwarzburg-Sondershausen. Das im Schloss untergebrachte Museum beherbergt sowohl Kunst und Kunsthandwerk als auch volkskundliche und naturwissenschaftliche Bestände.

Das Schloss mit dem Herkulesbrunnen. Foto: Marco Kneise

Eine besondere Attraktion ist in den ehemaligen Remisen des Schlosses zu sehen, die sogenannte Goldene Kutsche, ein Prunkwagen in einer Anschirrung mit sechs Pfer-

Grafik: Andreas Wetzel

Das Schlossmuseum hat von dienstags bis samstags in der Zeit von 10 bis 17 Uhr sowie am Oster- und Pfingstmontag geöffnet.

Führungen durch das Museum werden dienstags bis sonntags jeweils um 14 Uhr angeboten.

Was?
Wie viel?
Wo?

den. Um 1710 in Paris gebaut, ist die Goldene Kutsche die älteste französische Prunkkarosse, die es noch auf deutschem Boden gibt. Vergleichsstücke finden sich in den großen Wagenmuseen zu München, Lissabon, Stockholm, London und St. Petersburg.

Ein Luxuswagen unter den Kutschen war dereinst diese prächtige vergoldete Karosse.
Foto: privat

Der nördlichste Zipfel des Landes

Thüringens nördlichstes Dorf heißt Sophienhof. Hier ist eine Landschaft, die viele Deutsche nicht mit dem Freistaat verbinden: Hier ist der Harz! Und er zeigt sich von seiner schönsten Seite. Sophienhof liegt an keiner der beiden Verkehrsadern des südlichen Harzes. Aber immer mehr Ausflügler verlassen die Hauptstraßen, um in dem 58-Seelen-Dorf einzukehren. Im Sommer hat der Ort beinahe täglich mehr Besucher als Einwohner.

Auch die Ziegenalm lockt viele Gäste an. Der Bauernhof kennt keinen Stillstand. Kerstin und Kai Liebig halten ihr Unternehmen im Dauerbetrieb. Es ist ein Kreislauf, der keine Flaute verkraftet: »Der Tagestourismus trägt unser Konzept«, erklärt Kai Liebig. »Aber ohne den funktionierenden Bauernhof kommen keine Touristen.«

Was? Wie viel? Wo?

Die Ziegenalm mit ihrem Hofladen hat mittwochs bis sonntags geöffnet. Auf Voranmeldung werden auch an Ruhetagen Gruppen empfangen.

Wer übernachten möchte, kann dies in einem Heuhotel mit 15 Betten tun. Außerdem gibt es eine Heu-Suite und ein Strohballen-Haus.

Grafik: Stefanie Lins

140 Ziegen und ebenso viele Schafe halten Liebigs auf der Alm und betreiben damit die größte Freiland-Ziegenhaltung in Thüringen. Als Urlaubsziel ist die Alm ebenso gefragt. Die Ferienhäuser sind oft mit Gästen belegt.

Auch Jasmin aus Nordhausen fühlte sich auf der Ziegenalm wohl. Foto: Jens Feuerriegel

Pilgern wie der Papst

Die Etzelsbach-
kapelle ist seit
Jahrhunder-
ten das Ziel von
Gläubigen.
Foto: Sebastian
Grimm

Im September 2011 machten sich 90.000 Pilger auf den Weg zur Etzelsbachkapelle, um Papst Benedikt XVI. zu begegnen. Die kleine Kapelle unweit des Eichsfelddörf-chens Steinbach ist seit vielen Jahrhunderten das Ziel von Gläubigen. Die Kapelle ist der Muttergottes geweiht, sie wurde im Jahr 1525 erstmals urkundlich erwähnt. In ihr

123map/StepMap-Open Map Contributors Lizenz CC-BY-SA 2.0

Die Kapelle ist täglich von 8 bis 20 Uhr für Besucher geöffnet.

Vor allem die alljährliche Pferdewallfahrt, die am zweiten Sonntag nach Mariä Heimsuchung (2. Juli) stattfindet, zieht viele Pilger an.

Was?
Wie viel?
Wo?

steht eine Marienfigur, die ihren vom Kreuz genommenen Sohn auf dem Schoß hält.

Bemerkenswert sind zwei Rundfenster an der Nord- und Südseite. Sie zeigen jeweils sieben Nothelfer, darunter den heiligen Christophorus als Patron der Reisenden. Die drei Chorfenster haben die Patronin der Kirche, Maria, als Motiv und darüber einen früheren Papst: Klemens I. – mit Tiara, segnender Hand und Papstkreuz.

Nach dem Bauernkrieg war die Wallfahrt zum Erliegen gekommen. Das Gnadenbild soll verschüttet gewesen sein, bis ein Bauer es beim Pflügen mit seinem Pferdegespann wiederfand. Das könnten die Ursprünge der Pferdewallfahrt gewesen sein, die alljährlich nach Etzelsbach führt. Zu Beginn des 17. Jahrhunderts, so berichtet der Heimatforscher Peter Anhalt, soll diese Wallfahrt durch einen Dechanten neu belebt worden sein. »Er wusste, dass in Etzelsbach vor Jahren Wallfahrten gehalten wurden, bei denen der Gottesmutter auch Tiere anempfohlen wurden. Bauern zogen mit kranken Pferden hoffnungsvoll hierher. Die Tiere wurden gesund. Seit dieser Zeit umrunden Bauern mit ihren Pferden die Kapelle«, weiß Anhalt zu berichten.

Die heutige Wallfahrtskapelle ist Ende des 19. Jahrhunderts erbaut und im Stil der Zeit mit neugotischen Altären ausgestattet worden. 1972 wurde die originale Ausstattung aber entfernt.

Barbarossas Ausguck

Der Kyffhäuser ist Deutschlands kleinstes Mittelgebirge und zugleich Namenspate des großen Denkmals aus rotem Sandstein, das ihm seine charakteristische Silhouette gibt. 81 Meter hoch ist der Bau, zu Ehren des Kaisers wurde er errichtet und 1896 eingeweiht. Eigens für die dreitägige Feier auf dem Berg wurden damals übrigens die Halberstädter Würstchen in Dosen erfunden.

Wer genug Puste hat, kann die 247 Stufen emporkraxeln und von der verglasten Kuppel aus einen grandiosen Rundumblick genießen. Wie Spielzeug liegen die Dörfer in die Felder der Goldenen Aue gestreut, bei guter Sicht ist sogar der Brocken zu erkennen. Im Süden ruht der Blick auf dem tiefen Grün bewaldeter Bergkuppen. Am Fuß des Denkmals sitzt als gewaltige Steinfigur Kaiser Barbarossa, umgeben von seinen treuen Raben. Darüber trabt das riesige Reiterstandbild Kaiser Wilhelms, ganz aus Kupfer-

Was? Wie viel? Wo?

Der Kyffhäuser liegt ganz im Norden Thüringens bei Bad Frankenhausen. Die Anfahrt ist spektakulär.

Im Sommer kann man sich mit der Kutsche vom Parkplatz bis zum Denkmal fahren lassen.

Öffnungszeiten: April bis Oktober 9.30 bis 18 Uhr, November bis März 10 bis 17 Uhr.

blech getrieben. Wer das Denkmal erklimmt, kann dem Pferd durch die Beine schauen.

Doch auch rund um den Turm gibt es allerlei zu erkunden und zu erleben. Denn das Denkmal steht auf den Grundmauern der alten Reichsburg Kyffhausen, die aus dem 12. Jahrhundert stammt und unter Kaiser Barbarossa vollendet wurde. Jeder Stein atmet hier Geschichte. Beeindruckend der Blick in den 176 Meter tiefen Burgbrunnen – es ist der tiefste der Welt. Winzig klein ist unten an seiner Sohle die helle Scheibe des Wasserspiegels zu sehen. Wirft man einen Stein hinein, kräuselt sie sich erst nach einer gefühlten Ewigkeit.

In östlicher Richtung geht es zu den gut erhaltenen Ruinen der Unterburg. Der Weg führt durch eine wilde, schattige Schlucht. Hier sieht der aufmerksame Wanderer die versteinerten Baumstämme eines Waldes, der vor 280 Millionen Jahren an dieser Stelle wuchs.

Weithin sichtbar thront der Kaiser auf seinem Denkmal auf dem Kyffhäuser.
Foto: Marco Kneise

Das Vogelparadies

Zehntausende Kraniche machen alljährlich Rast im Thüringer Becken – am Speicher Straußfurt. Im Frühjahr halten sich die Glücksvögel nur zu einem kurzen Stopp hier auf. Dann geht es weiter in das Baltikum. Doch im Herbst, mit den ersten kalten Winden, kündigen sie sich mit trompetengleichen Rufen und in keilförmiger Formation für einen längeren Aufenthalt an. Dann landen große Schwärme auf den Wiesen und Schlammflächen am Speicher. Auf den nahen Feldern futtern sie sich tagelang für die lange Weiterreise nach Spanien satt. Abends kommen sie wieder an ihren Schlafplatz am See.

Dieses Naturschauspiel zieht jedes Jahr mehr Schaulustige nach Straußfurt. Seit dem Jahr 2007 ist der Rastplatz der Zugvögel sogar amtlich als Europäisches Vogelschutzgebiet anerkannt.

Doch nicht nur Kraniche kommen hierher. Reiher und Rohrsänger, Ammern und Beutelmeisen, Blessral-

Abertausende Kraniche stehen im Herbst auf den Wiesen und am Ufer rund um den Stausee. Foto: Sascha Fromm

Der Staudamm ist fast zwei Kilometer lang, dahinter erstreckt sich die je nach Staumenge unterschiedlich große Wasserfläche.

Grundsätzlich kommen Besucher gut an den Speicher heran.

Was?
Wie viel?
Wo?

Es ist nicht gestattet, zum Hochwasserschutz errichtete Bauten zu betreten.

Die ideale Zeit, Kraniche zu beobachten, ist im Oktober.

len und Haubentaucher leben hier. Mit majestätischer Würde zieht der Adler seine Kreise. Im Schlamm stolzieren Watvögel.

Keine Frage: Das Speicherbecken, die Unstrut und ihre Altarme sowie Schilf, Felder und Wiesen bieten den Vögeln ideale Bedingungen. Es zschilpt, scheddert, gurrt, gackert und kreischt – und der Beobachter, er ist entzückt.

Ein verwunschener Ort

Unberührt scheint der Wald an der Straße hinab nach Tannenfeld. Nur kurz erhascht man einen Blick in eine Lichtung. Ein steinernes, antik anmutendes Gefäß steht dort, es lässt die Hand des Menschen erahnen. Dennoch ist der Park von Schloss Tannenfeld wie ein verwunschener Ort, der auf seine Erlösung wartet.

Nach nur wenigen Schritten eröffnet sich dem Spaziergänger der Blick auf ein großes Parkgelände mit riesigen Rhododendren, mächtigem Baumbestand und grünen Fluren. Verschlungene Wege führen zu einem kleinen See. Der Weg führt hinauf zum Herzstück der Anlage, dem Schloss.

Trotz zugenagelter Fenster, herunterhängendem Eisengeländer, bröckelnder Fassade lässt das von Herzogin Anna Dorothea von Kurland (1761–1821) erbaute Haus seine einstige Schönheit erahnen. Dahinter ein kleiner französischer Garten, der in der gebotenen Strenge angelegt ist und so einen unterhaltenden Gegenpart zum englischen Parkstil bildet. Die Wege teilen sich, weisen zu den Villen im Ensemble – in einem ähnlichen Zustand wie das Schloss –

**Was?
Wie viel?
Wo?**

Das Grundstück ist mit einem Schloss, drei ehemaligen Krankenvillen und einem Wirtschaftshof mit Wasserturm und Wohngebäude bebaut. Die Anlage ist Eigentum des Landkreises Altenburger Land.

Der Eintritt in den Park ist frei.

123map/StepMap-Open Street Map Contributors Lizenz CC-BY-SA 2.0

Löbichau

Schloss und Park
Tannenfeld

B7

Tannenfeld

STEPMAP

und führen doch wieder zurück zum Ausgangspunkt des 15 Hektar großen Areals.

Jean Paul, Theodor Körner und auch Goethe sollen das Anwesen genossen haben zu Zeiten der Herzogin. Und so darf man in geistiger Verbindung mit bedeutenden Denkern flanieren. Auch sie haben möglicherweise ihre Nasen in die Blüten der über 50 Rhododendrenarten gesteckt. Die Rhododendrenblüte in Tannenfeld ist ein Naturerlebnis, das in Thüringen seinesgleichen sucht.

Die Geschichte Tannenfelds ist wechselvoll vom Lustschloss zum Sanatorium für Nervenkranke bis zum Pflegeheim. Der wohl bekannteste Patient war 1912 Hans Fallada.

Die Zukunft des wundervollen Parks und der historischen Gebäude ist ungewiss. Nach jahrelangem Bemühen ist noch kein Käufer gefunden. So bleibt der Ort in gewisser Weise auch weiter verwunschen.

Auf der Anhöhe in der Parkanlage steht das Schloss Tannenfeld, dereinst als Lustschloss gebaut.
Foto: Petra Lowe

Thüringen im Goldrausch

18 Meter Kantenlänge hätte ein Würfel, wenn das ganze bisher in Deutschland gefundene Gold von der Steinzeit bis heute zu einem Stück geformt würde. 150.000 Tonnen sollen es gewesen sein. Seriöse Berechnungen belegen dies. Sagt Goldexperte Markus Schade, der Chef des einzigen Goldmuseums in Deutschland. »Wir haben keine Ausstellung von Schmuckstücken, sondern bei uns kann der Gast viel über Berg- und Seifengold erfahren.«

Seifengold hat dabei nichts mit Duftseife zu tun. Vielmehr stammt das Seifen aus dem Altdeutschen und bedeutet so viel wie Waschen. Berggold dagegen wird in Stollen oder Schächten ausgegraben. Nuggets, die kleinen Goldklümpchen, kennen die meisten aus Büchern über den Goldrausch in Alaska. Die Zeiten sind vorbei. Vorbei auch der große Goldrausch in Deutschland. Den hat es tatsächlich gegeben. Thüringen war Goldland.

Im 13./14. Jahrhundert kamen die Sachsen, Bayern und auch Ungarn, um das Metall aus Thüringer Bergen und Flüssen zu holen und so ihr Glück zu machen. Doch noch heute gibt es sie, die Goldflüsse, wenngleich die Funde

Was?	Das Goldmuseum öffnet täglich zwischen 9 und 17 Uhr, im November allerdings nur nach vorheriger Anmeldung.
Wie viel?	
Wo?	Im Museum werden Goldwaschgeräte ausgestellt und verliehen.

Grafik: Stefanie Lins

darin eher mühsam und winzig sind. Die Grümpen, die nur wenige Hundert Meter hinter dem Goldmuseum fließt, gilt noch immer als goldreich. Man kann sich hier selbst als Goldsucher ausprobieren. Doch gemach: Reich wird man davon nicht. Es ist ein Spaß, mehr nicht.

Wer mag, kann in Theuern auf Goldsuche gehen.
Foto: Marco Kneise

Ein Ort, der aus der Zeit fällt

Zur Grundmühle gelangt man zu Fuß. Über Obstwiesen, Waldstückchen, kleine Brücken und Lichtungen. Der Weg schüttelt den Alltag ab und jede Hast. Er ist eine gute Vorbereitung auf diesen Ort. Ein wenig verwunschen, ein wenig einsam und wenn es dämmert sogar ein wenig schaurig. Im Schankraum eine Einrichtung wie zu Uropas Zeiten, draußen stehen Bänke und Tische.

Grundmüller Matthias Eichhorn, die Seele dieses Ortes, ist eigentlich kein Grundmüller und die Mühle längst keine Mühle mehr. 1794 erbaut, wurde hier 120 Jahre lang Korn und Öl gemahlen. Dann brach das Mühlrad zusammen und es begann die wundersame Verwandlung zur Gastwirtschaft. An Sonntagen fanden sich aus den umliegenden Dörfern herausgeputzte Wanderer am Tresen ein.

Die Abgeschiedenheit schafft Nähe. Man kommt schnell ins Gespräch hier. Wenn man will. Man kann hier aber auch sehr gut schweigen. Nimmt ab und zu einen Schluck aus dem Bierglas, hört die Amseln in den Wipfeln. Wenn man Hunger bekommt, bestellt man sich hier manchmal mit Lust Dinge, von denen man schon fast vergessen hat, dass es sie gibt. Fettbrote oder Harzer Roller. Manchmal singt ein Barde zur Gitarre, Folkbands fiedeln zum Tanz, es wurde hier auch schon ein Waldhorn geblasen.

Aber echte Fans kommen auch hierher, wenn es regnet, stürmt und schneit. Dann flackert im Schankraum der Kamin und die ausgestopften Vögel an den Wänden werfen mystische Schatten. Und wenn man Glück hat, ist Grundmüller Matthias Eichhorn in Plauderlaune. Dann kann man sich die Geschichte vom Kloster Orphal erzählen lassen, das einst oberhalb der Mühle gestanden hat.

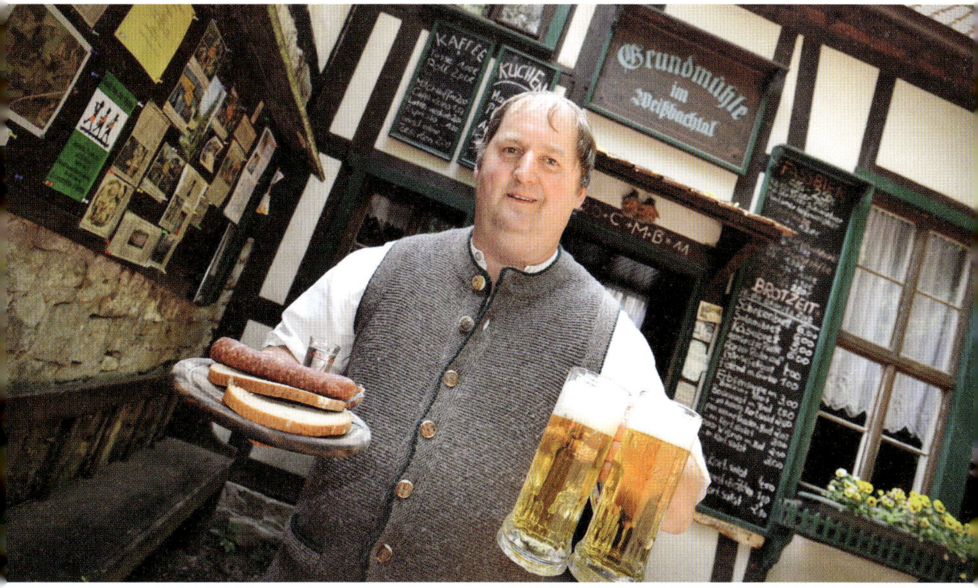

Der frühere
Klempner Mat-
thias Eichhorn
ist Wirt.
Foto: Alexander
Volkmann

Und davon, wie die leichtgläubigen Mönche einst den Teufel einließen. Zur Strafe ließ der Herrgott das Kloster ver-
schwinden. Seitdem, so die Sage, hört man gelegentlich die
Stimmen der klagenden Mönche. Man schaut hier nicht
auf die Uhr. Und wenn man dann aufbricht, zurück durch
den Wald und über die Obstwiesen, wundert man sich, wie
schnell die Seele zur Ruhe kommen kann.

Grafik: Andreas Wetzel

Elxleben

L2141

Witterda   B4

A71

Tiefthal

Grundmühle

Töttelstädt

Marbach   Erfurt

Alach

Die Grundmühle ist am besten wandernd von Tief-
thal aus entlang des Weiß-
bachs zu erreichen. Dafür
braucht man keine Stunde.
Man kann auch von Scha-
derode oder Töttelstädt aus
wandern.

**Was?
Wie viel?
Wo?**

Geöffnet ist von mittwochs
bis freitags nach Verein-
barung und samstags und
sonntags ab 10 Uhr.

Musentempel im Grünen

Wer sich in den Tiefurter Park aufmacht, betritt die Anlage zumeist über jenen Eingang, an dem ihn bis zum Oktober 2000 eine groß gewachsene Lärchengruppe begrüßt hat. Ein Sturm sorgte seinerzeit dafür, dass die letzten der historischen Bäume gefällt werden mussten – ein erschütterndes Erlebnis, das ob der Größe der Baumriesen den Boden erzittern ließ.

Beim Blick vom Parkeingang in Richtung Musentempel an der Ilm steht seit 2009 wieder eine Lärchengruppe. Aber kein Besucher wird die Pracht der alten Gruppe wieder erleben dürfen, die über 200 Jahre alt war und noch aus der Entstehungszeit der Parkanlage stammte. Dessen Ursprung geht auf die Zeit um 1804 zurück – und mithin auch auf Herzogin Anna Amalia.

Kinderlärm, Gebell, Fahrradklingeln, Familien beim Steigenlassen von Drachen – auch das ist dem Tiefurter Park nicht fremd. Wer aber eine ruhigere Zeit für seinen Rundgang findet, der kann die Vielfalt im Kleinen genießen. Denn mit seinen 21 Hektar ist der Park nicht eben ein Riese. Der Entdeckungen sind viele möglich. Ein Musen-

	Der Eintritt in den Park ist frei.
Was? **Wie viel?** **Wo?**	Regelmäßige Führungen durch den Park gibt es in der Zeit vom 1. April bis 31. Oktober jeweils samstags von 14 bis 15 Uhr.

123map/StepMap-Open Street Map Contributors Lizenz CC-BY-SA 2.0

tempel gehört dazu ebenso wie ein Scheingrab für Anna Amalias früh verstorbenen Sohn Constantin, dazu das Mozart-Denkmal. Es wurde im Jahr 1799 eingeweiht und war seinerzeit das erste Denkmal, das dem österreichischen Komponisten außerhalb seines Heimatlandes huldigte.

Blick zum Musentempel. Foto: Alexander Volkmann

Ein Bund fürs Leben

Einst hatten edle Ritter auf der Burg Normannstein das Sagen, mittlerweile sind es die Besucher. Hoch oben über der Stadt bietet die Burg einen weitreichenden Ausblick auf das Werratal. Aber auch von der Stadt aus sind die Türme schon von Weitem zu erspähen. Der Normannstein wurde im 11. Jahrhundert als mittelalterliche, überwiegend romanische Burganlage errichtet. Einst war sie eine Warte zum Schutz der drei Furten, die durch die Werra führten und der Stadt ihren Namen gaben.

Die Ritter machten sich nicht immer einen guten Namen. Zeitweise waren sie schon eine arge Plage für die Landbevölkerung. Den Mächtigen ihrer Zeit passten die Burgbewohner auch nicht immer ins Konzept; sie waren ihnen zu mächtig geworden. Darum vertrieben im Jahr 1336 die Hessen, Mainzer und Sachsen gemeinsam die Ritter und übernahmen die Macht.

Die Türme des Normannstein sind schon von Weitem auszumachen. Foto: Alexander Volkmann

Foto: A_Lein, Adobe Stock

ROTE-GRÜTZE-KUCHEN

Benötigt die Rezeptkarte „Grundrezept Hefeteig"

200 g Zucker
4 Päckchen Rote Grütze
   (entspricht 200 g)
1 l roter Fruchtsaft
¼ l Milch
1 Päckchen Vanillepudding-
   Pulver
125 g Zucker
6 Eier
2 Vanillinzucker
500 g Quark
2 EL Zucker
200 ml Schmand
Butter
Zucker

Ein Blech mit Hefeteig vorbereiten. 200 g Zucker, rote Grütze und roten Fruchtsaft zu Grütze kochen. Auf den Hefeteig streichen und antrocknen lassen. Aus Milch, Vanillepudding, 125 g Zucker, 2 Eiern, 2 Vanillinzucker und Quark eine Quarkmasse zubereiten und auf die Grütze streichen. Aus 4 Eigelb, 2 EL Zucker, 200 ml Schmand und 4 zu Eischnee geschlagenen Eiweiß einen Guss zubereiten und über der Quarkmasse verteilen.

Ca. 20 min bei 170° C Umluft backen. Falls der Kuchen zu dunkel wird, mit Alufolie abdecken oder ein Blech darüber schieben. Nach dem Backen mit zerlassener Butter beträufeln und zuckern.

Ein Rezept der
Weidschen Kuchenfrauen

English version on the back ›

Photo: A_Lein, Adobe Stock

RED FRUIT JELLY CAKE

Additional recipe card „Basic Yeast Dough Recipe" needed

200 g sugar
4 packets Rote Grütze (red fruit jelly – equivalent to 200 g)
1 l red fruit juice
¼ l milk
1 packet of vanilla custard powder
125 g sugar
6 eggs
2 packets of vanilla sugar
500 g quark
2 tbsp sugar
200 ml sour cream
Butter
Sugar

Cover a baking tray with yeast dough. Boil 200 g sugar, red fruit jelly and red fruit juice to make the red fruit jelly mixture. Brush this onto the dough and let it dry. Make a quark mixture from milk, vanilla custard, 125 g sugar, 2 eggs, 2 packets of vanilla sugar, and quark. Then spread it on the red fruit jelly. Prepare a glaze from 4 egg yolks, 2 tbsp sugar, 200 ml sour cream and 4 whisked egg whites, and spread it over the quark mixture.

Bake for around 20 min at 170° C (fan setting). If the cake starts to become too dark, cover it with aluminium foil or slide a baking tray in over it. After baking, drizzle with melted butter and sprinkle with sugar.

A recipe of the
Weidsche Kuchenfrauen

Deutsche Version auf der Rückseite ›

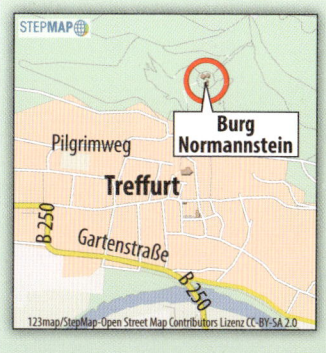

STEPMAP
Burg Normannstein
Pilgrimweg
Treffurt
B 250
Gartenstraße
B 250
123map/StepMap-Open Street Map Contributors Lizenz CC-BY-SA 2.0

Die Burg öffnet dienstags bis sonntags von 11.30 Uhr bis 21 Uhr.

Es gibt verschiedene Wanderwege hinauf auf den Berg. Auch eine Straße führt auf die Burg.

Abschließbare Fahrradboxen stehen am Markt zur Verfügung.

In einem der Burgtürme kann eine Ausstellung über das Mittelalter besichtigt werden.

Was?
Wie viel?
Wo?

Der Normannstein zeigt sich nach umfänglichen Sanierungsarbeiten wieder in einem sehr guten Zustand. Sogar ein kleines Standesamt wurde hier eingerichtet – und natürlich eine Burgschänke nebst Gästezimmern. So manche Hochzeitsnacht ist hier bereits verbracht worden. Ganz ritterlich, natürlich.

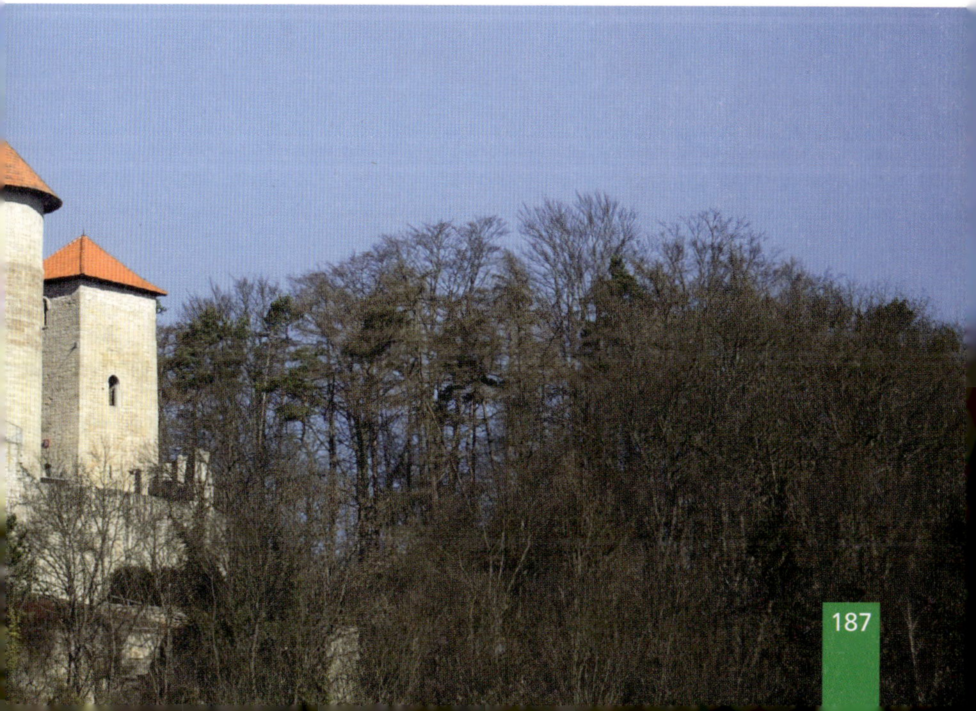

Gnome ganz groß

Wer sie nicht liebt, die kleinen Männer mit den typischen roten Zipfelmützen, der hasst sie. Allerdings lassen sich jährlich fast 80.000 Einheimische und Gäste auf das Erlebnis ein. Sie fahren in die größte Zipfelmützenschau in Trusetal. Hier stehen 2.500 Rotmützen nicht nur sauber aufgereiht, sondern sind beim Sonnen, Golfen, in der Schule, bei der Gartenarbeit und beim Klettern zu sehen oder wachsen am Zwergenbaum.

Im Gartenzwergmuseum werden außerdem Exemplare verschiedener Hersteller von 1900 bis 1945 ausgestellt. Und wer bisher dachte, die Wiege deutscher Zwerge steht in Gräfenroda, der erfährt hier Neues. Der angeblich älteste Nachweis von Gnomen, wie sie damals genannt wurden, stammt von der Firma Seeger aus Seegerhall im heutigen Polen. Die Gräfenrodaer Produktion ist erst seit 1893 belegt.

Geöffnet ist der Park von Ostern bis Ende Oktober von 10 bis 17 Uhr.

Was?
Wie viel?
Wo?

Parkplätze stehen vor dem Park am Trusetaler Wasserfall zur Verfügung.

Der kleinste Zwerg misst einen, der größte immerhin 114 Zentimeter.

Zwerge, Zwerge,
nichts als Zwerge.
Foto: Peter Riecke

Wir lieben Euch doch alle !

Dieses Wohnhaus einer
Bauernfamilie wurde
1980 im Kloster Veßra
neu aufgebaut.
Foto: Frank Buhlemann

Dorfgeschichte hinter Klostermauern

Das Schauspiel ist nur zweimal im Jahr in voller Schönheit zu bewundern. In der versteckt liegenden Südkapelle des ehemaligen Klosters Veßra befinden sich zwei schräge Lichtschächte im Mauerwerk. Dort kann die Sonne nur in einem bestimmten Winkel eindringen und beleuchtet dann den Mittelpunkt der Kapelle. Das Lichtspiel soll früher Teil einer Marienverehrung gewesen sein.

Eine andere Besonderheit kündet von Bauernschläue. In einem zum Kloster gehörenden Fachwerkhaus befindet sich eine versteckte Vorratskammer, die nur über einen Schrank zugänglich war.

Kloster Veßra ist inzwischen Hennebergisches Museum. Auf dem sechs Hektar großen Gelände wird nicht nur die Geschichte des 1131 gegründeten Hausklosters der Henneberger Grafen dargestellt, sondern auch das dörfliche Leben. Hier stehen unter anderem Bauernhäuser und eine Totenkapelle, ein Brauhaus von 1734 sowie eine Schmiede.

Das Gelände ist von April bis Oktober wochentags von 9 bis 18 Uhr, von November bis März von 10 bis 17 Uhr geöffnet. Der Einlass erfolgt bis eine Stunde vor Schließung.

Was?
Wie viel?
Wo?

Parkplätze sind reichlich vorhanden.

Ein Ort der Besinnung

Gern verweilen Besucher des Klosters Volkenroda im Schatten eines imposanten, frei stehenden Baumes. Seit rund 1000 Jahren wächst diese Eiche. Alljährlich zu Christi Himmelfahrt wird sie zu einem Wallfahrtsort. Dann wird hier ein ökumenischer Gottesdienst mit Kirchen- und Posaunenchören aus der Region gefeiert.

In frühen Jahren gehörte der Baum zu einem Eichenhain, der eine mittelalterliche Kultstätte umschloss. Mit zunehmendem Alter jedoch drohte auch er durch Fäulnis einzustürzen. Doch einer Spezialfirma gelang es, ihn zu sanieren, so dass er heute wieder in voller Pracht grünt. Die Eiche steht unter Denkmalschutz.

**Was?
Wie viel?
Wo?**

Der unweit der Eiche beginnende Waldwanderweg ist gut ausgeschildert.

Am Ortsrand von Volkenroda gibt es einen Waldparkplatz. Kostenlose Parkplätze werden auch am Kloster angeboten.

Jeden ersten Samstag im Monat öffnet das Klostergut von 8 bis 12 Uhr seinen Bauernmarkt.

Wunderschön steht die
1000-jährige Eiche unweit des
alten Zisterzienserklosters.
Foto: Daniel Volkmann

Ruine voller Romantik

Irgendwo hier, inmitten der Mauerreste des Palas, muss es gestanden haben, jenes extrabreite Bett des Grafen von Gleichen. Die Sage erzählt, es sei eine weitausladende Ruhestätte gewesen, die eigens für den Grafen und zwei Ehefrauen angefertigt worden war. Hier habe der Kreuzritter mit einer orientalischen Schönheit auf der einen Seite gelegen und mit einer holden Thüringerin auf der anderen …

Wer die Burg Gleichen heutzutage erwandert, darf sich ein wenig auf die Suche nach dem Schlafgemach der Liebenden begeben. Indes, der romanische Palas ist ebenso wie einige Nebengebäude nur noch als Ruine erhalten. So scheint es nahezu ausgeschlossen, jemals mit Bestimmtheit zu sagen, wo das Schlafzimmer lag. Gut möglich, dass solche Ungewissheit der weiteren Bewahrung der Legende immer wieder aufs Neue zuträglich ist.

Die weitläufige Burg ist ein ideales Ausflugsziel für Familien. Während Mama und Papa durch die romanischen Gemäuer streifen, können die Kleinen auf einer großen Wiese umhertollen, die beiden Verliese erkunden oder

Was?
Wie viel?
Burg Gleichen öffnet von April bis Oktober täglich 10 bis 18 Uhr. Vom 1. November bis 31. März ist sie geschlossen.

Wo?
Direkt zu Füßen des Burgbergs gibt es eine Abfahrt der Autobahn A 4.

Grafik: Andreas Wetzel

auch »Echo« in den Brunnen rufen. Ein Muss für alle ist der Bergfried. Der Turm beherbergt ein kleines Museum nebst Ritterrüstung – und er gestattet grandiose Ausblicke auf benachbarte Burgen und den Thüringer Wald.

Wer die Aussichtsplattform ersteigt, wird dort auch einer aufgezogenen Fahne gewahr. Sie ist normalerweise dazu gedacht, die Öffnung der im Gothaer Land gelegenen Burg anzuzeigen. Bei näherem Hinsehen zeigt sich: Die Fahne trägt das Erfurter Stadtwappen. Dies ist ein klarer Hinweis darauf, dass die Burg längst eine Erfurtische ist. Einst waren die Grafen von Gleichen die Schutzvögte der Stadt. Einige Jahrhunderte später übernahm es dann Erfurt, die aufgegebene Burg vor dem endgültigen Verfall zu retten. Inzwischen gehört sie zur Stiftung Thüringer Schlösser und Gärten.

Die Burgherren wechselten, die Legende aber bleibt. Wer von hier aus, von der Burg Gleichen zur Wachsenburg weiterwanderte, kann dem Rätsel auf der Spur bleiben. Im dortigen Museum steht tatsächlich ein überdimensioniertes, für drei Personen geeignetes Bett. Ob es das Lager des Grafen von Gleichen war? Wer weiß …

Obwohl Burg Gleichen nur als Ruine erhalten blieb, ist die Anlage in ihrer Gesamtheit noch gut zu erkennen. Links im Bild ist der Palas zu erkennen. Hier befanden sich die Wohnräume der Grafen-Familie. Foto: Marco Schmidt

Wo die Abora getestet wurde

Welcher Tourist verirrt sich schon einfach mal so in den landwirtschaftlich geprägten Nordwesten des Landkreises Gotha? Kaum einer. Wer aber einmal am Stausee Wangenheim war, kommt wieder. Denn es gibt hier Ruhe und Abenteuer ohne Grenzen.

Der Wissenschaftler Dominique Görlitz testete in Wangenheim sein weltberühmtes Schilfboot. Hier schipperte er mit einem kleinen Prototyp übers Wasser. Foto: Claudia Klinger

Dabei war der Stausee einst alles andere als ein Erholungsgebiet: Er wurde in den Jahren 1977/78 zur Beregnung landwirtschaftlicher Flächen angelegt. Nach der Wende gab es erste Bestrebungen, den Stausee als Naherholungsgebiet herzurichten. Auch Angler entdeckten ihn für sich. Die Gemeinde Wangenheim fördert die Entwicklung des Stausees für Naherholungszwecke seit vielen Jahren.

Der Stausee hat eine Fläche von etwa 60 Hektar.

Geöffnet ist der Stausee in der Saison vom 1. April bis 30. September.

Was?
Wie viel?
Wo?

Was wirklich einzigartig ist: Hier, auf dem Stausee Wangenheim, nahm das weltberühmte Schilfboot-Projekt des Dominique Görlitz seinen Anfang. Hier schipperte er mit einem Prototyp übers Wasser – und dann, Jahre später, mit der ausgereiften Abora von New York bis fast zu den Azoren.

Schlichte Schönheit

Kann ein Treppenhaus einer der 100 schönsten Plätze in Thüringen sein? Ja. Ausschlaggebend dafür ist nicht das Urteil der Experten, unter denen das Gentzsche Treppenhaus im Weimarer Stadtschloss als vielleicht aufregendstes klassizistisches Raumkunstwerk in Deutschland gilt. Sondern, weil das vermeintlich Profane so faszinierend ist.

Die in Weiß gehaltene schlichte Schönheit übt eine Anziehungskraft aus, die einen nicht auf jeder Treppenstufe innehalten lässt. Aber die einen auf dem Weg nach oben verleitet, sich genau umzusehen: nach unten auf das Entree hinter den mächtigen Holztüren, durch die einst die fürstlichen Kutschen rollten; auf die in Wandnischen stehenden überlebensgroßen Figuren der Minerva; oder andächtig nach oben blickend, auf den imposanten Kronleuchter in der Kuppel.

Die Klassik-Stiftung Weimar hat das Gentzsche Treppenhaus dazu auserkoren, zum Entree für ihren »Kosmos Weimar« zu werden. Verblüffung provoziert eine Beleuchtungsidee, die dem vielleicht schönsten klassizistischen

---

Das Treppenhaus gehört zum Weimarer Stadtschloss.

Was?
Wie viel?
Wo?

Seine Besichtigung ist während der Öffnungszeiten des Museums möglich.
1. April bis 31. Oktober dienstags bis sonntags 10 bis 18 Uhr; im Winter 10 bis 16 Uhr.

Treppenhaus Deutschlands bewusst einen falschen Schein verleiht: Das Licht von vier Lampen über dem Eingang wird über verstellbare Spiegel in das Treppenhaus geworfen. Dadurch entsteht drinnen der Eindruck, als würde sanft die Sonne aufgehen.

Wer das Treppenhaus nach oben zu Ende durchschritten hat, stößt in der ersten Etage auf die viel gerühmten Dichterzimmer. Für manchen aber gilt beim Gentzschen Treppenhaus: Hier ist der Weg das Ziel.

Blick durch das Gentzsche Treppenhaus. Foto: Marco Kneise

Eine Ikone der Moderne

Süßer die Glocken nie klangen. Er wollte, so gab der Maler Georg Muche anno 1968 zu Protokoll, eingangs der 1920er Jahre heiraten. »Für meine Frau und mich plante ich das zu uns passende Haus, obwohl ich wusste, das ich es nicht würde bauen können. Es war also ein Traumhaus, das bis zum letzten durchdacht, zunächst ein Gebilde aus Phantasie blieb.«

Muches Traum – bereits 1923 wurde er von seinem Bauhaus-Kollegen Farkas Molnár im Bild festgehalten. Der Künstler verewigte Georg und El Muche als nacktes Liebespaar vor der Kulisse eines völlig neuen Typus von Einfamilienhaus. Im gleichen Jahr wurde das sogenannte Haus am Horn tatsächlich in Weimar errichtet. Es gilt längst als

Das Haus ist eingeschossig. Über dem Wohnzimmer gibt es einen Lichthof.
Foto: Sascha Margon

ein Geburtsort der Moderne. Die Villa wurde deshalb 1996 von der Unesco zum Welterbe erklärt – als überhaupt erste Thüringer Stätte.

Wer das museal genutzte Haus am Horn heutzutage besuchen möchte, tut dies am besten zu Fuß. Allein schon das Umfeld lädt zum Flanieren ein. Der Bau liegt am Rande des weitläufigen Ilmparks. In ihm stehen zugleich zwei weitere Häuser, die ebenfalls Welterbe wurden und einen spannungsgeladenen Kontrast zu dem Bauhaus-Gebäude bilden. Da ist zum einen die berühmteste Laube der Welt: Goethes Gartenhaus. Zum anderen steht am Gegenhang das Römische Haus. Der klassizistische Bau erinnert an antike Tempel.

Diese Gegensätzlichkeit war es auch, die von Anbeginn an heftige Proteste gegen das Haus am Horn aufkommen ließ. Die Bauhäusler hatten es fertiggebracht, dem gutbürgerlichen Weimar einen Flachbau entgegenzusetzen, der auch heutzutage durchaus noch einen spröden Charme versprüht. Die Bauhaus-Meister scherte dies wenig. Mehr noch, die Widerworte spornten sie an. »Das Ideal des Wohnhauses«, so hielt Georg Muche gegen, »liegt in der Zukunft und nicht in irgendwelchen vergangenen Kulturepochen.« Inzwischen gehört auch das Haus am Horn einer solchen vergangenen Epoche an.

Grafik: Stefanie Schneider

Das Haus am Horn wird nur noch museal genutzt.

Geöffnet ist mittwochs, samstags und sonntags jeweils von 11 bis 18 Uhr.

Das Haus steht in einem Garten frei auf einer erhöhten Terrasse. Das ermöglicht dem Besucher, das Haus von allen Seiten zu betrachten.

Was?
Wie viel?
Wo?

Wo Goethes Christiane ruht

Der Jakobskirchhof zu Weimar wurde bereits im Jahr 1818 als Begräbnisstätte geschlossen. An dem Ort, wo vermutlich bereits vor tausend Jahren Menschen ihre letzte Ruhestätte fanden, herrscht – inmitten der Stadt – vor allem viel Ruhe. Diese regt dazu an, unter den lichten Baumbeständen langsam von Grabplatte zu Grabplatte, von Metallkreuz zu Metallkreuz zu gehen, um zu versuchen, den Geschichten nachzuspüren, die sich hinter den Inschriften verbergen.

54 Grabstätten sind noch auf dem Gottesacker rund um die Jakobskirche nachweisbar, die zugleich die älteste Innenstadtkirche Weimars ist. Der Hofmaler Lucas Cranach der Ältere fand dort ebenso seine letzte Ruhe wie der Märchenautor Johann Carl August Musäus und Goethes Frau Christiane. In der Sakristei der Kirche hatten sie sich 1806 auch das Ja-Wort gegeben. Friedrich Schillers Leichnam indes wurde hier ebenfalls beigesetzt, aber später in die Fürstengruft überführt.

Was?
Wie viel?
Wo?

Der Friedhof liegt im Stadtzentrum.

Öffnungszeiten: April bis Oktober montags bis samstags 10–16 Uhr, sonntags 11–16 Uhr. November bis März täglich 11–15 Uhr.

Der Eintritt ist frei.

Der Jakobskirchhof ist für viele Weimarer ein Ort der Ruhe und Entspannung.
Foto: Thomas Müller

Wohnen wie in der Klassik

Wer glaubt, in Weimar bereits alles Sehenswerte entdeckt zu haben, hat vielleicht doch etwas übersehen: das Kirms-Krackow-Haus. Neben den großen Museen führt es zwar ein Schattendasein. Doch hier wird das bürgerliche Weimar zur Zeit Goethes erlebbar. Das Haus, eines der ältesten in der Stadt überhaupt, findet sich bereits auf einem Stadtplan des Jahres 1569. Benannt ist es nach den beiden Weimarer Hofbeamten Franz und Karl Kirms und der späteren Besitzerin Charlotte Krackow.

Das Gemäuer bietet Besuchern mit original erhaltenem Mobiliar einen Einblick in die Wohnkultur um 1820. Es

Zur Museumsnacht wirkt der Hof des Hauses stets besonders einladend.
Foto: Sascha Margon

Von April bis Oktober öffnet das Museum freitags 13.30–17 Uhr, samstags und sonntags 10–17 Uhr.

Der zum Haus gehörende Blumengarten ist von 8 bis 20 Uhr geöffnet, er schließt aber spätestens zum Einbruch der Dunkelheit.

Was?
Wie viel?
Wo?

verfügt über einen malerischen Hof mit typisch holprigem Kopfsteinpflaster sowie einem Treppenturm mit umlaufender Galerie.

In den Räumlichkeiten fanden sich einst viele berühmte Gäste ein, so Goethe, Wieland, Herder und der Märchendichter Andersen.

Am Teich der Seerosenkönigin

Inmitten des Südharzer Karstabbaugebietes gibt es eine herrschaftlich, grüne Oase zu entdecken: den Park des Spiegelschen Guts in Werna. Während das Herrenhaus, das 1680 gebaut wurde, nicht mehr begehbar ist, steht der Park für Besucher offen. Neben zwei Fischteichen beeindruckt vor allem der große Seerosenteich, auf dem Hunderte Blüten treiben. Diese können von einem Rundweg aus betrachtet werden.

Im hinteren Teil des Parks verdichtet sich das üppige Grün zu einem Wäldchen.

Nach der Schließung des Gutshauses, das ein Altersheim beherbergte, wurde auch der angrenzende Park dem

Am Teich von Werna wird jedes Jahr die Seerosenkönigin gekrönt – hier Königin Christine mit ihrem Prinzen Marcus.
Foto: Roland Obst

Foto: StefanieBaum, Adobe Stock

OMAS APFELKUCHEN

Benötigt die Rezeptkarte „Grundrezept Hefeteig"

200 g Quark
1 Ei
100 g zerlassene Butter
1 Vanillinzucker
1 Päckchen Vanillepudding-
  Pulver
100 g Rosinen
100 g gehackte Mandeln
1 kg geschälte und
  entkernte Äpfel
4 EL Gries
4 EL Zucker
1 Msp. Zimt
125 g zerlassene Butter
Etwas Zucker

Ein Blech mit Hefeteig vorbereiten, darauf eine Masse aus Quark, Ei, 100 g zerlassener Butter, Vanillinzucker und Vanillepudding-Pulver streichen. 50 g Rosinen und 50 g Mandeln darauf verteilen, dann das Blech dicht mit Apfelspalten belegen. Nochmals mit 50 g Rosinen und 50 g Mandeln bestreuen. Gries, Zucker und Zimt trocken mischen und auf die Äpfel streuen.

Bei 200° C ca. 30 min backen. Nach dem Backen mit 125 g zerlassener Butter beträufeln und zuckern.

Ein Rezept der
Weidschen Kuchenfrauen

English version on the back ›

Photo: StefanieBaum, Adobe Stock

GRANDMA'S APPLE CAKE

Additional recipe card „Basic Yeast Dough Recipe" needed

200 g quark
1 egg
100 g melted butter
1 packet of vanilla sugar
1 packet of vanilla custard
   powder
100 g raisins
100 g chopped almonds
1 kg apples, peeled
and cored
4 tbsp semolina
4 tbsp sugar
A pinch of cinnamon
125 g melted butter
A little sugar

Cover a baking tray with yeast dough and spread on a mixture of the quark, egg, 100 g melted butter, vanilla sugar, and vanilla custard powder. Sprinkle 50 g of raisins and 50 g of almonds on top and then cover the tray with densely packed apple wedges. Sprinkle another 50 g of raisins and 50 g of almonds on top. Make a dry mixture of semolina, sugar and cinnamon and sprinkle it over the apples.

Bake at 200° C for around 30 min. After baking, drizzle 125 g of melted butter over it and sprinkle with sugar.

A recipe of the
Weidsche Kuchenfrauen

Deutsche Version auf der Rückseite ›

Der Park ist durchgehend geöffnet, auch im Winter.

Der Eintritt ist frei.

Was?
Wie viel?
Wo?

Verfall preisgegeben. Im Jahr 2000 gestalteten die Wernaer die Anlage neu und machten sie so für die Allgemeinheit zugänglich. Seit der Wiedereröffnung feiern die Bürger jedes Jahr ein Parkfest, bei dem die Seerosenkönigin des Ortes vor malerischer Kulisse gekrönt wird.

Im benachbarten Inspektorenhaus findet sich neben einer Heimatstube und Ausstellungen zu Wanderglashütten im 16. Jahrhundert und Thüringer Grenzsteinen auch ein Harzer Geozentrum.

Auf den Spuren der Germanen

Zum Funkenburg-fest lebt die Zeit der alten Germanen wieder auf.
Foto: Günther Ehrhardt

Hunderte angespitzte Holzpfähle ziehen in ihrer Lücken-losigkeit den Blick am Fuße der Funkenburg magisch an und wecken Neugier, was sich hinter der imposanten Wehranlage verbirgt. Steigt man wiederum auf den Wehr-turm, offenbart sich rundum eine Landschaftsidylle. Wehr-haft und schön – das ist die Funkenburg.

Basierend auf Ausgrabungsergebnissen der 1970er Jahre wurden hier Wohn- und Arbeitshäuser, Speicherbauten, Backöfen und Befestigungsanlagen einer germanischen Wehrsiedlung rekonstruiert. 50 Gebäude lagen einst innerhalb der Umfriedung.

Ein Rundgang durch die Anlage versetzt 2.000 Jahre zurück. So getreu wie möglich wurde ein Teil der Siedlung nachgebaut. Die Bauweise wirkt in ihren vielen Details noch immer genial. Im Stelzenspeicher sorgten luftdurchlässige Flechtwände dafür, dass die Vorräte trocken blieben. Die erhöhte Lage schützte vor Nagetieren. Im Grubenspeicher konnten Lebensmittel kühl gelagert werden, durchaus so, wie wir es von Kühlschränken gewohnt sind. Als Vorbild bei heutiger Dachgestaltung könnte das Grassoden-Haus fungieren. Es ist mit Rasenstücken gedeckt, die sich selbst regenerieren und wasserundurchlässig sind.

Lebendige Einblicke geben museumspädagogische Angebote. Man kann töpfern, Fischernetze knüpfen und spinnen. Eine nachgebaute keltische Drehmühle lässt die Mühen beim Zerschroten von Getreide für Brei und Fladenbrot nachempfinden. Wildkräuter, Dinkel und Ackerbohnen wachsen hier – wie einst bei den Germanen.

Öffnungszeiten: ganzjährig montags bis freitags 9 bis 17 Uhr, April bis Oktober auch samstags und sonntags von 10 bis 17 Uhr.

Die Germanen kommen immer am dritten Augustwochenende zum alljährlichen Funkenburgfest.

Im Winter sind die Öffnungszeiten eingeschränkt.

Was?
Wie viel?
Wo?

Die Welt auf Schienen

Eine Modelleisenbahn? Schön. Eine richtig große Platte? Klingt interessant. Aber eine 12.000 Quadratmeter große Modellbahnanlage mit verschiedenen Miniatur-Welten? Die gibt es nur in Wiehe.

Hier lädt eine der größten Modellbahnausstellungen der Welt zum Entdecken und Staunen ein. Herzstück und Ursprung der Anlage ist Thüringen in einer Miniatur-Ausgabe: Das Thüringer Schienennetz der 1960er und 1970er Jahre wurde im H0-Format mit Tausenden Gebäuden, Figuren und Szenen nachempfunden. Über der hügeligen Landschaft erheben sich so markante Bauten wie Kyffhäuser-Denkmal und die Wartburg in Eisenach.

Weitere Modellbahn-Welten sind dem Orientexpress, einer Brockenfahrt durch den Harz und dem ICE gewid-

Tausende Details warten in der Modellbahnanlage darauf, entdeckt zu werden. Foto: Marco Kneise

Öffnungszeiten: täglich
10 bis 18 Uhr, letzter Einlass 17 Uhr.

Im Sommer rollt im Gelände
eine Gartenbahn, auf der
man mitfahren kann.

Was?
Wie viel?
Wo?

In der Modellbahnanlage
gibt es außerdem eine Strecke, an der Kinder auch
selbst Züge steuern kön-
nen.

met. Beeindruckend auch die Amerika-Anlage, die in einer
eigenen Halle in die USA entführt. Hier rollen die Züge
unter anderem am Mount Rushmore mit den eingemeißel-
ten Präsidenten-Köpfen vorbei. Der Clou: Nur in Wiehe
ist auch Bill Clinton, von 1993 bis 2001 Präsident der USA,
in der Felswand verewigt.

Abenteuer im Bärenwald

Wer sich an Tieren im Zirkus nicht erfreuen kann, dem wird der Alternative Bärenpark in Worbis gut gefallen. Denn hier finden geschundene Petze eine neue Heimat. Sie dürfen nach Jahren des Dahinvegetierens in zu engen Käfigen endlich in einem richtigen Wald leben, in Teichen baden und sich für den Winter selbst eine Höhle graben. Mitbewohner sind Wölfe, die in der freien Natur mit Bären gut zurechtkommen.

In der 40.000 Quadratmeter großen Freianlage steht der Mensch hinter den Gittern und darf sich von den Tieren

Im Bärenpark können die Petze einfach nur Tier sein.
Foto: Andrea Fricke

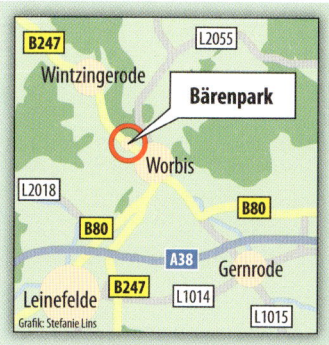

Geöffnet ist der Park täglich ab 10 Uhr. Von März bis Oktober schließt er um 18 Uhr, von November bis Februar um 16 Uhr.

Was?
Wie viel?
Wo?

beobachtet fühlen. Aber auch an das Wohlbefinden der Zweibeiner hat die Parkleitung gedacht. Das neue, auf Stelzen gebaute Informations- und Besucherzentrum bietet bei jedem Wetter einen grandiosen Blick mitten in den Bärenwald. Von hier aus kann man ganz in Ruhe zuschauen, was die Petze treiben.

Idyll am Rande der Großstadt

Das über 750 Jahre alte Dorf Ziegenhain ist wohl einer der schönsten Jenaer Ortsteile, malerisch eingebettet in ein landschaftlich reizvolles Tal unterhalb des Fuchsturmes. Das Örtchen ist wegen der vielen Wanderwege nicht nur bei Naturliebhabern überaus beliebt. Gleich zu Beginn des Tals erstreckt sich mit 350 Wohnungen und 256 Reihenhäusern eine imposante Wohnsiedlung, deren Architektur sich am englischen Gartenstadt-Vorbild orientiert.

Weiter oberhalb verlassen Besucher den dicht besiedelten Ausgangspunkt des Ziegenhainer Tals und gelangen über eine schmale und teilweise steile kleine Straße in das alte Dorf, das dem malerischen Flecken seinen Namen gab.

Der Fuchsturm ist weithin zu sehen und daher ein gut zu findendes Ausflugsziel.
Foto: Lutz Prager